KAWADE
夢文庫

大統領選が見えてくる!

アメリカ50州がサクッとわかる本

国際時事アナリスツ[編]

河出書房新社

カバーイラスト●Semen Vasilyev／iStock
地図版作成●新井トレス研究所
協力●内藤博文

巨大なアメリカを50のパーツから理解する——まえがき

USA（United States of America）は、「アメリカ合衆国」と訳されているが、「アメリカ連邦」と訳しても間違いではない。アメリカでは50の州それぞれが国のように存在し、50の国（州）が集まった国がアメリカ合衆国（連邦）なのだ。

50の州はそれぞれが国家のようなものだから、それぞれに独自色がある。圧倒的に民主党寄りの州もあれば、共和党への支持が揺るがない州もある。アメリカは、民主党政権になるか、共和党政権になるかで、ほとんど別の国のようになるから、民主党支持の州と共和党支持の州とでは水と油だ。

50の州は、地理的条件も違えば、成立した歴史も異なるから、独自の価値観を持っている。移民の受け入れ方や、LGBT（性的少数者）への考え方1つとっても州によって異なる。だから、州ごとに対立し、対立が激化するなら、アメリカは分裂してもおかしくない。

アメリカを知るには、まずは50の州というそれぞれが異なるパーツを理解することだ。50のパーツの存在を少しでも知ることができれば、アメリカの全体像も見えてくるだろう。

国際時事アナリスツ

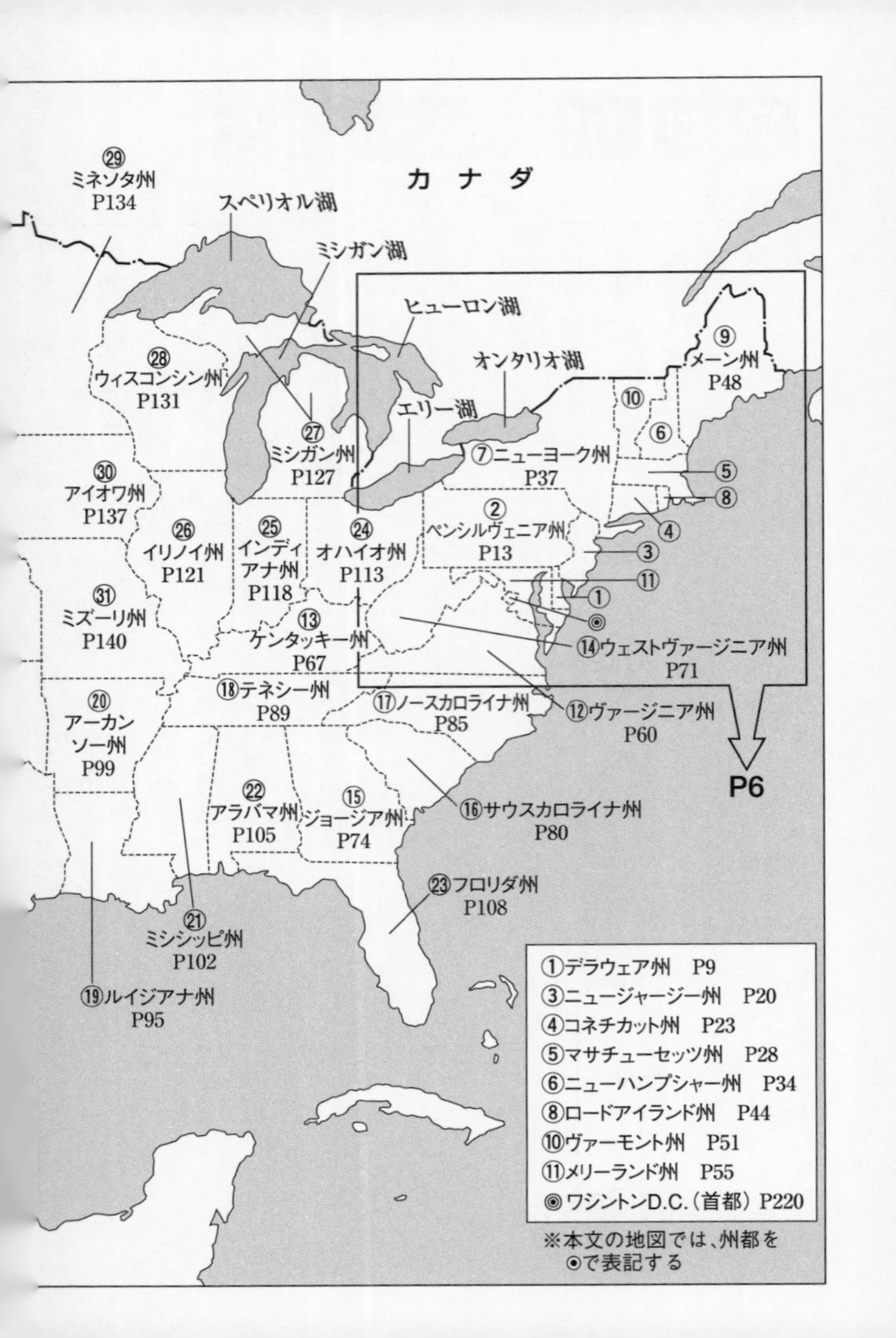
カナダ
㉙ミネソタ州 P134
スペリオル湖
ミシガン湖
ヒューロン湖
オンタリオ湖
エリー湖
⑨メーン州 P48
⑩
⑥
⑤
⑧
④
③
⑪
①
◎
㉘ウィスコンシン州 P131
㉗ミシガン州 P127
⑦ニューヨーク州 P37
㉚アイオワ州 P137
㉖イリノイ州 P121
㉕インディアナ州 P118
㉔オハイオ州 P113
②ペンシルヴェニア州 P13
㉛ミズーリ州 P140
⑬ケンタッキー州 P67
⑭ウェストヴァージニア州 P71
⑳アーカンソー州 P99
⑱テネシー州 P89
⑰ノースカロライナ州 P85
⑫ヴァージニア州 P60
P6
㉒アラバマ州 P105
⑮ジョージア州 P74
⑯サウスカロライナ州 P80
㉓フロリダ州 P108
㉑ミシシッピ州 P102
⑲ルイジアナ州 P95
①デラウェア州　P9
③ニュージャージー州　P20
④コネチカット州　P23
⑤マサチューセッツ州　P28
⑥ニューハンプシャー州　P34
⑧ロードアイランド州　P44
⑩ヴァーモント州　P51
⑪メリーランド州　P55
◎ワシントンD.C.（首都）P220
※本文の地図では、州都を
◉で表記する

アメリカ50州MAP目次

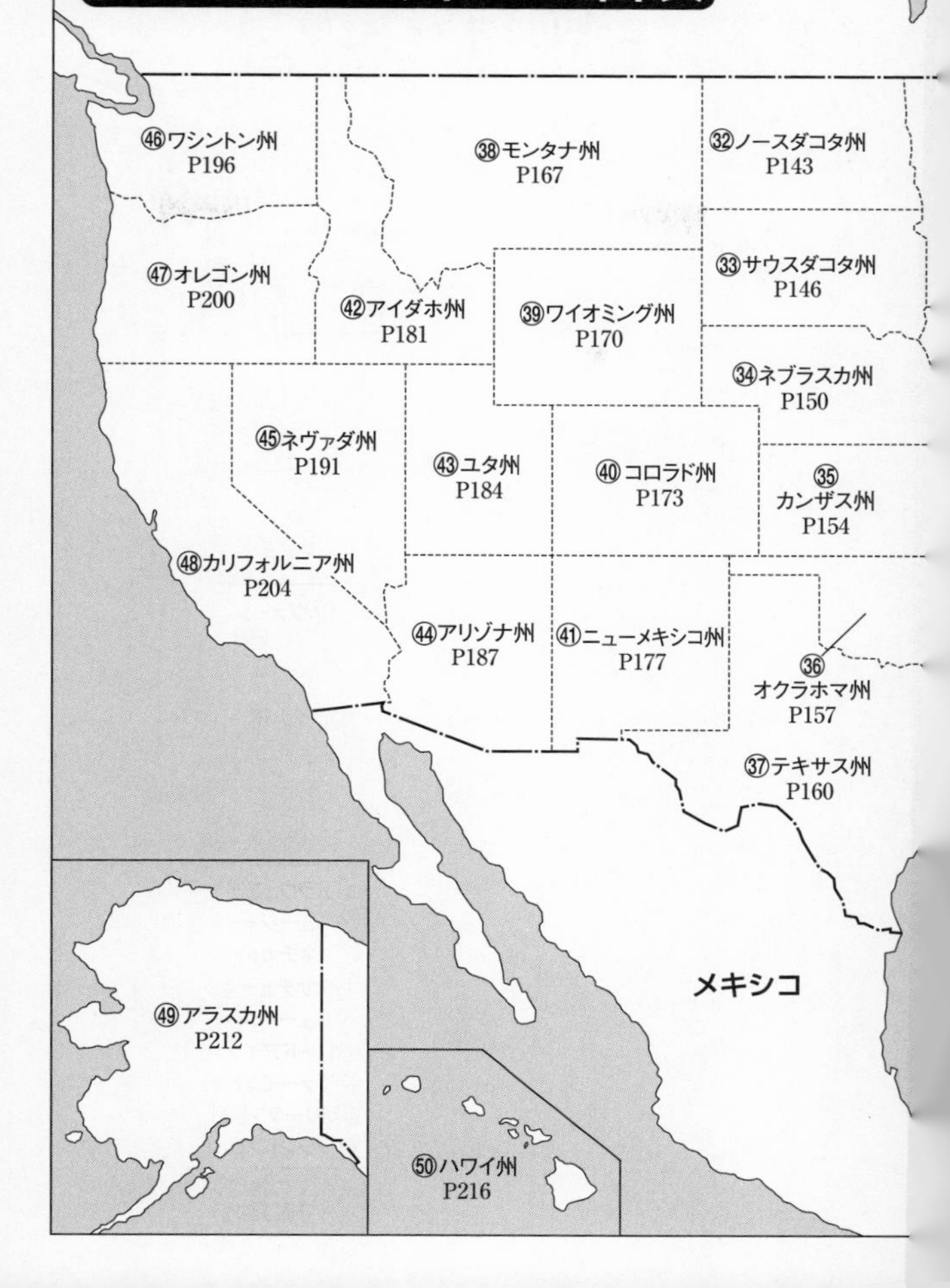

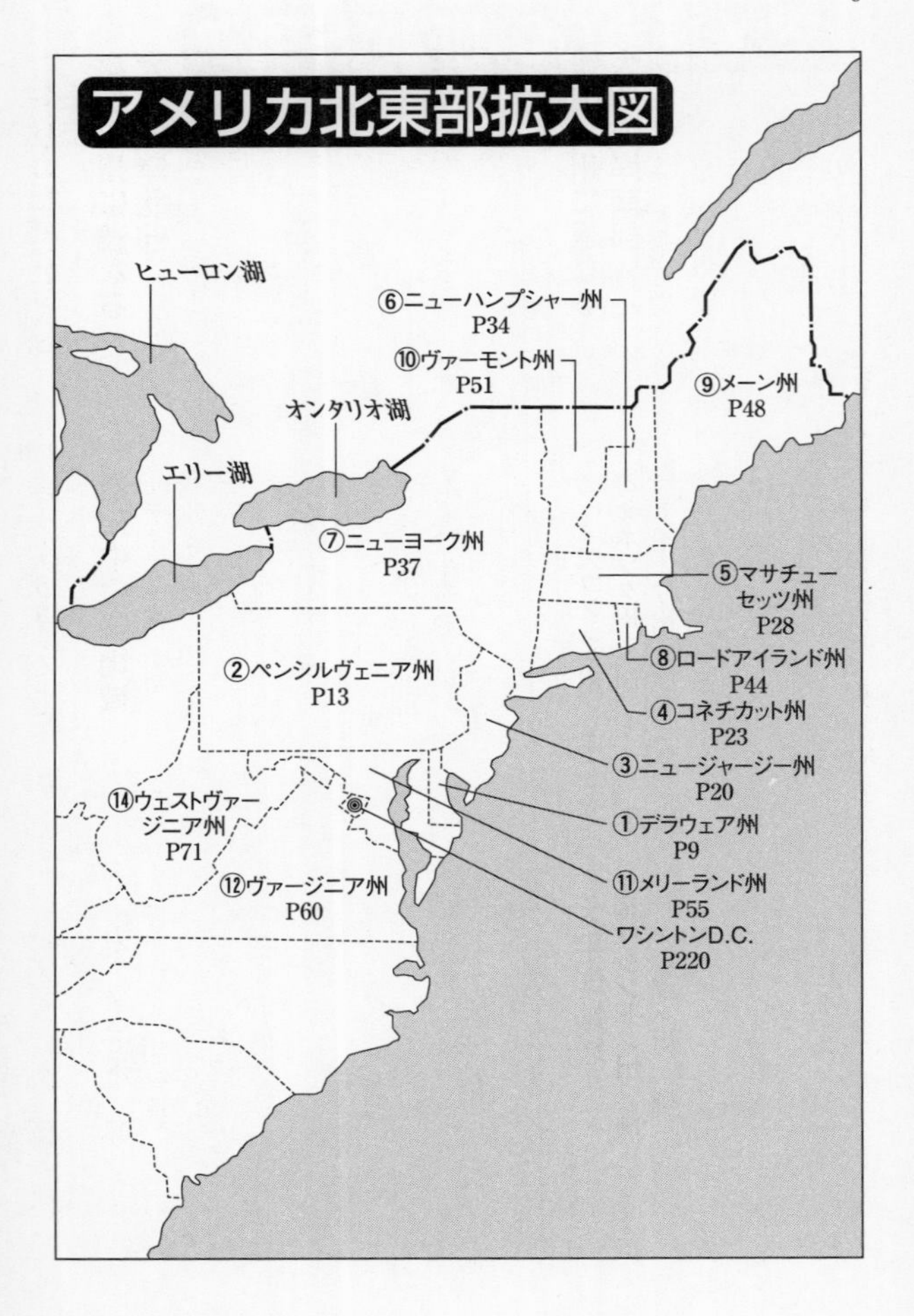
アメリカ北東部拡大図
ヒューロン湖
オンタリオ湖
エリー湖
⑥ニューハンプシャー州
P34
⑩ヴァーモント州
P51
⑨メーン州
P48
⑦ニューヨーク州
P37
⑤マサチュー
セッツ州
P28
②ペンシルヴェニア州
P13
⑧ロードアイランド州
P44
④コネチカット州
P23
③ニュージャージー州
P20
⑭ウェストヴァー
ジニア州
P71
①デラウェア州
P9
⑫ヴァージニア州
P60
⑪メリーランド州
P55
ワシントンD.C.
P220

【アメリカ地域別目次】

建国13州に連なる大西洋岸北部

建国13州に連なる大西洋岸南部

南東中央部地域

北東中央部地域

中央部

ロッキー山脈周域

太平洋地域

【50音順目次】

①デラウェア州
バイデン大統領が育った「ファースト・ステート」

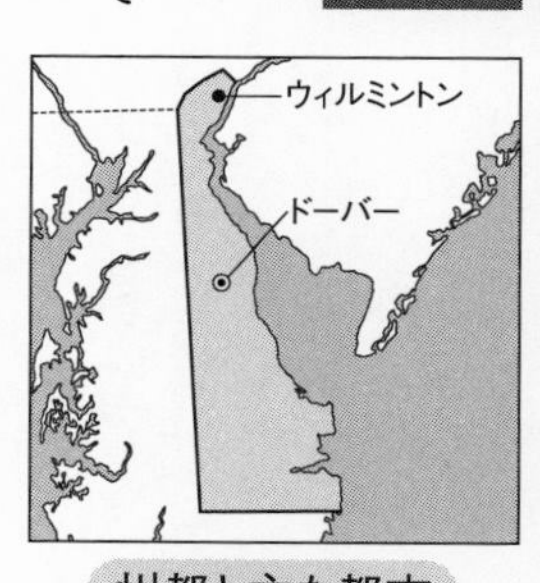

州都と主な都市

▼面積と人口　全米で2番目に小さい州

デラウェア州は、合衆国の中で小さな州である。その面積は6446㎢と、日本の栃木県ほどしかなく、全米でロードアイランド州に次いで小さい。これでも1つの「国家（ステート）」である。

人口はほぼ100万人で、そのため大統領選挙における選挙人の数は3に抑えられている。これは、アラスカ州などと同じく最小の数である。

▼地勢と気候　デラウェア湾に面し、東北地方と同じ緯度

デラウェア州は、アメリカ東海岸に位置する。ペンシルヴェニア州、ニュージャージー州、メリーランド州に挟まれ、デラウェア湾に面する要所であるが素通りもされやすい。州民はその存在感のなさを嘆（なげ）いてもいる。北緯38度線と40度線の中間に位置し、日本の東北地方の中部あたりと同じ緯度にある。

▼歴史　合衆国政府に最初に加盟した「ファースト・ステート」

デラウェア州は、小さくとも「特別な州」である。同州は、「ファースト・ステート」という特別な言い方で呼ばれている。アメリカ独立戦争下、最初に憲法を批准(ひじゅん)し、合衆国連邦政府に加盟したからだ。つまりその栄誉(えいよ)を称(たた)えられているのだ。

▼政治風土　高学歴のリベラルに支えられる民主党

大統領選挙への影響力は弱くとも、デラウェア州では近隣の東部名門州と同じく、民主党が強い。つまりは、ブルー・ステート（民主党のイメージカラーは青）だ。高学歴のリベラルが多いためであり、特に州人口の半分を占める北部のニューキャッスル郡で民主党は強い。１９９２年から長く民主党の勝利が続いている。

▼名産と名所　化学産業に強く、農業もさかん

デラウェア州は、デュポンの州といわれるほどで、化学工業会社の「デュポン」の本拠がある。金融産業も発達している。一方、土地は豊かであり、農業がさかん。特に養鶏(ようけい)やトウモロコシの栽培に力を入れている。

●タックス・ヘイブンにしてデュポン社創業の地

デラウェア州は、小さいながら、実はかなりたくましい州である。そもそも、デ

ラウェア州の土地は豊かであり、養鶏がさかんである。

企業誘致にも熱心だ。法人税が安く、工場の資産税も課されない。消費税も存在しないし、電気料金も安く設定されている。

さらにいえば、同州は全米で一番のタックス・ヘイブン（租税回避地）ともなっている。デラウェア州には、多くのペーパー・カンパニーが集まっている。

２０１６年の調査では、人口とほぼ同数の90万を超える会社が存在しているのだ。ヒラリー・クリントン、トランプ前大統領のペーパー・カンパニーも、同州に存在する。

デラウェア州のこうしたしたたかさは、デュポン社との付き合いから学んだものでもあろう。実は、デラウェア州は「デュポンの州」といっていいほど、デュポンの大きな影響下にあった。

デュポンは、１８０２年、州内にフランス出身のエルテール・デュポンによって、黒色火薬工場として設立された。デュポンはもともとフランスの王立火薬工場の責任者を務めた人物であり、火薬に対して見識があった。デュポンの黒色火薬はアメリカで大きな需要があり、とりわけ南北戦争では北軍に莫大な火薬を提供し、利益を上げた。

その利益をもとにデュポン社はナイロンやテフロンなど化学製品を開発、ひところはアメリカの3大財閥にまで上り詰めている。

デュポンはデラウェア州最大の都市ウィルミントンに本社を置き、州のインフラ建設にも大きく寄与してきた。デュポンあってのデラウェア州の発展であり、同州は有力企業こそが州の発展に欠かせないことを身をもって体験し続けた。そのため、企業に有利な仕組みをつくり、企業を引きつけてきているのだ。デュポンのほかにも、ウィルミントンには、製薬会社の「アストラゼネカ」といった企業が本拠や研究所を置いている。

●バイデン大統領がキャリアをスタートさせた州

デラウェア州で育った政治家といえば、ジョー・バイデン大統領である。2020年、民主党から出馬し、現職のトランプを破って、大統領となった。彼は、弁護士を経たのち、デラウェア州上院議員から政治家のキャリアをスタートさせている。オバマ政権時代は、副大統領でもあった。

バイデンは、アメリカ大統領では2人しかいないカトリックである。アイルランド系の移民の末裔であり、同州のカトリックの割合は9%だ。

② ペンシルヴェニア州
大統領選の行方を占う、独立宣言の地

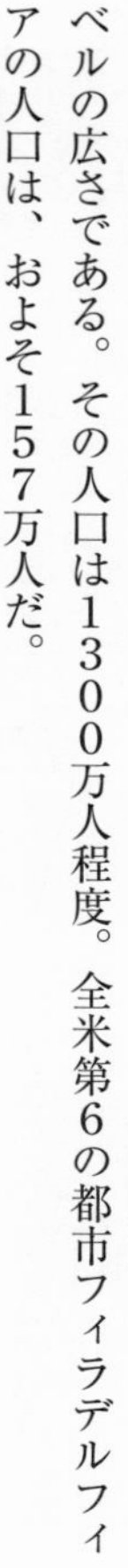

州都と主な都市

▼面積と人口　人口は１０００万人を超える

ペンシルヴェニア州の面積は、12万㎢弱である。これは、北朝鮮と同じくらいの面積だから、並の国家レベルの広さである。その人口は１３００万人程度。全米第６の都市フィラデルフィアの人口は、およそ１５７万人だ。

▼地勢と気候　東海岸の1つだが、海に面していない

ペンシルヴェニア州は、アメリカ東海岸州の１つとして知られるが、実は海岸部に面していない。内陸部の西へと大きく延びた州である。州の領域は、アパラチア山脈にも及ぶ。北緯40度から42度の間に位置し、日本の北海道南部から東北地方の北部と同じくらいの緯度になっている。

▼歴史　独立宣言がなされた、アメリカの伝統州

フィラデルフィアは、合衆国の歴史の発祥（はっしょう）の地である。アメリカ合衆国のイギリ

スからの独立は、1776年のことである。「独立記念日」となっている7月4日、ペンシルヴェニア州フィラデルフィアの「インディペンデンス・ホール」で独立宣言がなされている。この時代、まだワシントンD.C.は存在しない。そこで、当時、最大の町であるフィラデルフィアが独立宣言の地に選ばれたのだ。

インディペンデンス・ホールはもともとペンシルヴェニアの議事堂であったが、合衆国草創（そうそう）の折、最も重要な場所として輝いたのである。

▼政治風土　2020年の大統領選遺恨がいまだ残る大激戦州

ペンシルヴェニア州は、大統領選を決するといってもいい重要な州である。全米有数の激戦州（スイング・ステート）であるうえに、選挙人数19人という大票田を有しているからだ。この19人を得た側が、大統領の座を勝ち取ることができるといっていい。

ペンシルヴェニア州が激戦州となったのは、わりと近年のことである。もともとは他の東部名門州と同じく、民主党の地盤であったが、2016年の大統領選にあっては、トランプの共和党が勝利をもぎとった。

ペンシルヴェニア州における勝利によって、トランプは大統領の座を得たといっていい。

だが、2020年の大統領選にあっては、民主党のバイデンがトランプを僅差で打ち破る。バイデンは、ペンシルヴェニア州を制したことで、トランプを封じたともいえるが、トランプ陣営はバイデンの勝利を認めなかった。トランプ陣営は、少なからぬ州で民主党の票の不正があったとし、特にペンシルヴェニア州における民主党の不正を追及、その遺恨は今なお残る。

ペンシルヴェニア州が激戦区と化したのは、もともとは静かだったブルーカラー層が共和党を支持しはじめたからだ。ペンシルヴェニア州の都市部には、ホワイトカラーのインテリが多いのだが、同州には農業地帯が広がるうえに、ピッツバーグのような工業地帯もある。彼らブルーカラーが行き詰まっていったとき、共和党を支持するようになったのだ。

▼名産と名所　西部の都市ピッツバーグは鉄鋼の町として栄えた工業がさかんな州であり、特に州西部の大都市ピッツバーグでの鉄鋼生産は世界的に名高かった。アパラチア炭田の石炭がその原動力であり、「USスチール」の本拠も、ピッツバーグに置かれていた。19世紀、フルトンの蒸気船もここで誕生している。現在はハイテク産業に転換中だ。

その一方、農業もさかんで、マッシュルームやリンゴが名産品だ。

●最大都市フィラデルフィアは映画『ロッキー』の舞台

ペンシルヴェニア州最大の都市フィラデルフィアといえば、映画『ロッキー』の街である。早朝、ロッキーはフィラデルフィアの下町を走り抜け、ランニングの仕上げにフィラデルフィア美術館前の正面階段を駆(か)け上がる。駆け上がった彼が、フィラデルフィアの街を見下ろし、雄叫(おたけ)びをあげるシーンは名高い。

そこには、『ロッキー』の映画監督であり主演のシルベスター・スタローンの計算があったと思われる。実のところ、フィラデルフィアという都市そのものが、さらに同市の美術館が、アメリカの歴史に深く関わっているのだ。

独立宣言のなされたフィラデルフィアのインディペンデンス・ホールが、いかにアメリカ人にとって重要かは、合衆国の2ドル紙幣を見ればわかる。紙幣の裏には、「独立記念館」となったインディペンデンス・ホール内の様子が描かれている。紙幣の表は、独立宣言を起草したジェファソンである。

フィラデルフィアは独立宣言ののち、ワシントンD.C.が首都になるまで、暫定(ざんてい)首都になった時代がある。それくらい同市は、合衆国の中でも別格の都市だ。

そのフィラデルフィアの別格感をもう1つ象徴するのが、同市のフィラデルフィア美術館である。フィラデルフィア美術館は全米屈指の美術館であるだけでなく、記念碑的な建築である。1876年に合衆国が建国100年を記念して万国博覧会を開催したとき、そのメモリアルホールが美術館として残ったのである。

そうしたフィラデルフィア美術館の歴史に目をつけたのが、スタローンである。『ロッキー』の製作年は1976年、アメリカ建国200周年の年である。つまり、独立と建国100周年記念の舞台となった都市フィラデルフィアにこだわり、この街で廃(すた)れかけていた「アメリカン・ドリーム」を再現しようとしたのだ。

現在、同美術館の正面階段にはロッキーの銅像が設置されている。名高い正面階段は、「ロッキー・ステップ」というニックネームを頂戴(ちょうだい)している。

●クエーカー教徒たちによって生まれた「ペンの森」

ペンシルヴェニア州を建国したのは、イングランドから渡ってきたクエーカー教徒たちである。正しくはフレンド派といい、プロテスタントの一派なのだが、同じプロテスタント色の強いイングランドでも強い迫害(はくがい)を受けていた。そのため、同教徒のウィリアム・ペンという人物が、イングランド国王チャールズ2世から勅許状(ちょっきょじょう)を受け、ペンシルヴェニアに植民地を建設したのだ。

ペンは国王の寵臣(ちょうしん)であったうえ、彼の兄はスペインからジャマイカを奪い取っていた。その功績（こうせき）により、ペンは植民地建設を認められたのだ。ペンシルヴェニアは、「ペンの森」という意味だ。

ペンは、迫害を受けてきたクェーカー教徒でありながら、宗教的に寛容（かんよう）な人物であった。信仰の自由を掲げただけでなく、平和主義者であった。インディアンに対する偏見（へんけん）もなく、インディアンと交わした約束は必ず守ったという。これは、当時の入植者の中で、まれにみる高潔（こうけつ）なふるまいである。そんな高潔さ、公正さから、ペンシルヴェニア州には多くの入植者が集まり、フィラデルフィアという格別な都市が生まれたのだ。

●トランプ、バイデンという2人の大統領のゆかりの州

ペンシルヴェニア州は、現代アメリカの2人の大統領にとって、ゆかりの地でもある。第45代大統領トランプはニューヨークの出身だが、ペンシルヴェニア大学のビジネススクールであるウォートン・スクールを修了している。

ペンシルヴェニア大学は東部の名門私立大学8校からなる「アイビーリーグ」の一員であり、ウォートン・スクールは金融に関しては高い評価を受けている。トランプ得意のディール（契約、取引）は、ここで洗練されたのかもしれない。

一方、2020年の大統領選でトランプを打ち破ったバイデン大統領は、同州スクラントンで生まれている。彼の一家は、すぐにデラウェア州に引っ越し、バイデンはデラウェア州でキャリアをスタートさせたが、ペンシルヴェニア州は彼のゆかりの地である。ゆえに、トランプ相手にここで負けるわけにはいかなかったのだ。

バイデンはペンシルヴェニア州に親近感を持ち、ペンシルヴェニア大学の「ペン・バイデン外交グローバル関与センター」のワシントン開設にも寄与している。同センターは、バイデン一族の対中ビジネスに関与しているのではないかとの疑いも持たれている。

●原発の恐ろしさを世界に初めて伝えたスリーマイル島事故

ペンシルヴェニア州の20世紀における汚点といえば、スリーマイル島での原発事故だろう。スリーマイル島原子力発電所は州都ハリスバーグ近郊、サスケハナ川の中州に造られ、1979年、同原発はレベル5という深刻な事故を起こし、世界を震撼(しんかん)させた。

ソ連のチェルノブイリ原発事故、日本の福島原発危機が起こるまでは、世界最大の原発事故であり、原発の恐ろしさを世界に示す教訓ともなった。

③ニュージャージー州
大都市に挟まれた観光州

州都と主な都市

▼面積と人口　面積は小さく、人口密度が高い州

ニュージャージー州の面積は2万2608㎢程度で、全米で4番目に面積の小さな州ではあるが、これはイスラエルと同じくらいの大きさだ。人口は926万人近く。人口密度も高い。

▼地勢と気候　ハドソン川を渡れば、そこはニューヨーク

ニュージャージー州は、東海岸に位置し、ニューヨーク（ニューヨーク州）とフィラデルフィア（ペンシルヴェニア州）に挟まれた格好になっている。北部ではニューヨークとハドソン川を隔てた地にある。ハドソン川にかかるジョージ・ワシントン橋を渡れば、そこはニューヨークのマンハッタン島だ。おかげで、ニュージャージー州の北部は、ニューヨークの通勤圏になっている。

一方、同州の南部はフィラデルフィアに近い。そのため、州南部は、フィラデルフィアの経済圏にも組み込まれている。

北緯40度線前後にあり、日本の岩手県と同じくらいの緯度になる。

▼**歴史**　合衆国に3番目に加盟した州

最初の建国13州の1州であり、3番目に連邦政府に加盟している。イギリスからの独立戦争では、トレントンの戦い、プリンストンの戦いが同州で起きている。

▼**政治風土**　流入するヒスパニックも、民主党を支持

他の東部伝統州と同じく、民主党の地盤である。白人のホワイトカラーが多いからなのだが、流入するヒスパニックの支持も見逃(ゆ)せない。民主党が、少数派の利益を守る政策を掲(かか)げ続けるなら、民主党の基盤は揺るぎそうもない。

▼**名産と名所**　観光と農業もさかんで名門プリンストン大学を擁する

工業、農業のみならず、観光業もさかん。入植時代から、ニュージャージー州は農産地帯となり、水運を利用して、農産物をニューヨークやフィラデルフィアに送り込んだ。アメリカでも産業革命が起きると、今度は工業基地にもなり、大都市の需要を満たしてきた。

州都トレントンの近くにあるプリンストンには、アイビーリーグの一員であるプリンストン大学がある。全米屈指の名門であり、ウッドロー・ウィルソン大統領やアマゾンの創業者ジェフ・ベゾスらを輩出(はいしゅつ)している。

●アトランティックシティは、『モノポリー』のモデル

ニュージャージー州は、観光州でもある。州の気候が温暖なうえ、保養に適した海岸線があり、ニューヨークやフィラデルフィアからのプチ旅行に適しているのだ。州南部にあるケープメイは、19世紀、リンカン大統領の避暑地でもあった。

中でも有名なリゾートが、アトランティックシティである。およそ8㎞の海岸遊歩道「ボードウォーク」があり、遊歩道に沿ってリゾートホテルが立ち並んでいる。アトランティックシティは、19世紀には合衆国屈指のリゾート地として繁栄を遂げていた。

アトランティックシティは、ボードゲーム『モノポリー』のモデルでもある。『モノポリー』のオリジナル版は、「アトランティックシティ版」と呼ばれ、アトランティックシティに実在する通りや名所が登場している。それほどに、ひところまでアトランティックシティは有名な町だったのだ。

ただ、20世紀後半、航空機で旅行を楽しむ時代となると、アトランティックシティの人気は低迷していく。そこで、1976年に観光業梃入れのため導入されたのがカジノである。カジノは、今や同州の観光収入の4分の1を占めるほどにもなっている。

④ コネチカット州
自立精神が強い、保険業発祥の地

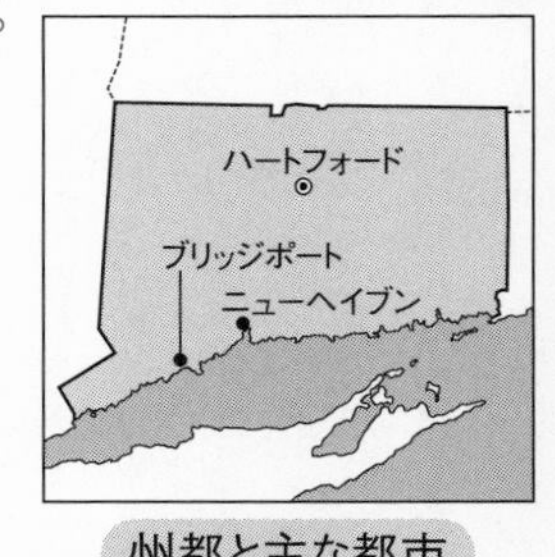

州都と主な都市

▼面積と人口　岩手県より少し小さい州

コネチカット州の面積は、1万4357㎢。日本にあれば、北海道、岩手県に次いで、3番目に大きな「都道府県」となるところだ。人口は、360万人を超える。

▼地勢と気候　おおむね平地で、緯度はほぼ青森県と同じ

コネチカット州は、アメリカ東海岸の州の1つであり、ロングアイランド海峡の北側に位置する。おおむね平地であり、州の南北を流れるのは、コネチカット川だ。北はボストン（マサチューセッツ州）と、南はニューヨーク（ニューヨーク州）に挟まれている。北緯42度線の南に位置し、青森県と同じくらいの緯度にある。

▼歴史　最初に入植したのはオランダ人だった

コネチカット州は、建国13州の1つであり、5番目に連邦政府に加盟している。ただ、最初に入植したのはオランダ人たちであり、その後、イングランド人がオラ

ンダ人たちを追い出している。

▼**政治風土**　共和党優勢だったが、1992年以降、逆転

コネチカット州では、現在、民主党が強い。かつては共和党が優勢であったが、1992年の選挙以降、民主党が連勝している。

▼**名産と名所**　軍需産業、保険業がさかん

小さな州でありながら、ビジネスに強く、モノづくりがさかん。特に軍需（ぐんじゅ）産業に伝統がある。その一方、保険業も発達していて、多くの保険会社が州都ハートフォードに本拠を置いている。

●自治意識の強い「憲法の州」

コネチカット州は、自主独立精神に富む、たくましい州だ。そのコネチカット州のたくましさの起源は、植民時代にまで遡（さかのぼ）る。先住のオランダ人たちを追い払い、新たな入植者となったイングランドのピューリタン（清教徒）たちは、自治に対する意識が強かった。彼らは、1639年に自前の憲法といえる「基本議事規則」を制定している。このコネチカット州単独の憲法が、のちの合衆国憲法の土台となっている。そのため、コネチカット州は、「憲法の州」と呼ばれている。

自主憲法を制定するほど自治意識の強いコネチカットの住人は、自主自衛の意識も強かった。彼らは、必要なものを自前で生み出していった。アメリカ初の印刷所はコネチカット州で生まれ、アメリカ初の法律学校もそうだ。

●わが身を守る意識が保険業を生み出した！

コネチカット州の住民らはモノづくりに励(はげ)み、生活必需品を自分の手で作っただけではない。モノづくりの一環として、自衛のための武器製造もさかんだった。アメリカは自分の身は自分で守る社会である。中でもコネチカット州はその意識が強烈だった。ライフル銃をはじめとする銃器も製造し、州外でも需要があった。

コネチカット産の初期の銃器には、コルト式拳銃(けんじゅう)がある。弾倉(だんそう)が回転する拳銃であり、コネチカット生まれのサミュエル・コルトの発明である。ほかに、6連発式の拳銃「ピース・メーカー」も人気の拳銃であった。武器製造にすぐれるコネチカット州は、やがては「アメリカの武器庫」と称(しょう)されるようになる。技術革新力のあるコネチカット州では、飛行機、ヘリコプター、潜水艦などの近代兵器の製造をはじめる。アメリカ初の潜水艦も、コネチカット州で製造されている。

コネチカット州には、ジェネラル・ダイナミクス社の潜水艦部門エレクトリック・

ボート社の生産施設がある。ここで日米戦争を戦った「ガトー」級潜水艦の多くが建造されている。例えばアメリカを最も苦しめた歴戦の空母「翔鶴」を撃沈した「カヴァラ」、期待の新鋭大型空母「大鳳」を沈めた「アルバコア」などだ。また、世界初の原子力潜水艦「ノーチラス」もコネチカット州で誕生している。

そしてコネチカット州には、アメリカ海軍のニューロンドン海軍潜水艦基地がある。ここは「潜水艦の故郷」といわれるほど、アメリカ潜水艦部隊の根拠地となっている。先の「ノーチラス」は、基地近くの博物館に陳列されている。

ただ、20世紀も終わりが近づくと、大きな戦争はなくなる。コネチカット州の軍需産業も頭打ちとなったが、そこは逞しいコネチカットの州民である。今度は、あらためて保険業に力を入れている。保険業は、自立自存のために欠かせないものでもあれば、リスクに対応し、わが身を守るものであり、コネチカット州の気質に合った。州都のハートフォードは、保険業発祥の地でもある。

●学術都市ニューヘイブンが輩出した有名人とは

自主の気風を有するコネチカット州は、教育に熱心でもある。同州の第2の都市ニューヘイブンは、学術都市として知られる。ニューヘイブンには、多くの教育機関や研究施設が置かれ、中でも全米で3番目に古いエール大学は名高い。

エール大学は、東部の名門「アイビーリーグ」の一員であり、ビル・クリントンやジョージ・W・ブッシュ父・子ら歴代大統領を輩出してきた。『アメリカ英語辞典（ウェブスター辞典）』で知られる言語学者ノア・ウェブスターもまた、同大学の出身だ。

ただ、エール大学は、近年になって「アメリカの分断」を象徴するような大学にもなっている。２０１５年、ハロウィーン・パーティに着ていく服装をどうするかという一見たわいもない問題で、リベラルな教授夫妻が、さらにリベラルな学生たちから差別主義者として公の場で罵（ののし）られた挙げ句、ついに職場から追放されるという事件が起きている。

現在、アメリカでは「弱者こそ正義」という風潮が強まり、弱者の文化の「盗用」は公の場で糾弾される。ハロウィーンという先住民との関わりが深い行事に、学生たちが過敏に反応し、教授を問答無用で罵ったのだ。このエール大学での事件を機に、全米の大学ではリベラルな教授が、過激なリベラル志向の学生たちに罵詈雑言（ばりぞうごん）を浴びせられるケースが出てきている。全米におけるエール大学の影響力の大きさを物語る事件でもある。

⑤ マサチューセッツ州
合衆国の原点州は民主党王国だった！

▼面積と人口　シチリア島ほどの面積

マサチューセッツ州の面積は2万7336㎢。その面積は、イタリアのシチリア島よりも少しだけ大きい。人口は、700万人に迫る。

▼地勢と気候　最大の都市ボストンはマサチューセッツ湾に面す

マサチューセッツ州は東海岸に位置し、州最大の都市ボストンはマサチューセッツ湾に臨む。内陸はアパラチア山脈に近い。北緯42度線の前後にあり、北海道に近い気候だ。

▼歴史　アメリカ独立のきっかけを生んだ茶会事件が起きた

マサチューセッツ州は、歴史のある州だ。ここに「メイフラワー号」に乗ったピューリタン（清教徒）たちがたどり着いているし、アメリカ独立戦争のきっかけとなった「ボストン茶会事件」の舞台でもある。

州都と主な都市

▼政治風土　全米で最初に同性婚を合法化

圧倒的に民主党の強い州である。全米屈指の大学があるため、リベラルな風土であり、全米で最初に同性婚を合法化してもいる。

▼名産と名物　ボストンを中心にハイテク産業が発達

州最大の都市ボストンでは、ハイテク産業がさかん。地元ハーバード大学とマサチューセッツ工科大学が、逸材を送り込んでいる。金融業も発達している。

●名門ハーバード大学に見る現代アメリカの苦悩

マサチューセッツ州は、リベラル・エリートの支配する州ともいえる。というのも、州内のボストン近郊にハーバード大学、マサチューセッツ工科大学（ＭＩＴ）という世界的な超名門大学があるからだ。

ハーバード大学の設立は１６３６年のこと。全米でもっとも歴史のある大学であり、つねにリーダーの育成に力を注いできた。セオドア・ローズヴェルト、バラク・オバマら8人の大統領がハーバード大学出身である。

マサチューセッツ工科大学は19世紀にボストン技術学校としてはじまり、当初はハーバード大学のはるか後塵を拝していたが、20世紀半ば、日米戦争の激化する時代から地位を上げていった。

ハーバード大学は、アメリカに8校ある「アイビーリーグ」の一員である。この「アイビーリーグ」に新たに数校を加えた「アイビープラス」の一員がMITである。

ハーバード大学もMITも、多様性を重んじるリベラルな校風で知られる。2023年になった時点で、ハーバード大学、MITではともに女性が学長を務めていた。ハーバード大学のクローディン・ゲイ学長は黒人女性であり、黒人としては初の同大学学長、女性としては二番目の同大学学長であった。リベラルで進取的な校風ゆえに、少数派、弱者でも実力があれば、評価されてきたのだ。

ただ、2023年末から、ハーバード大学、MITには逆風が吹き、ありようを試されている。というのも、イスラエルとハマスのガザでの軍事衝突に直面したとき、学生たちがハマスとパレスチナを弱者であるとして支持、イスラエル非難に向かったからだ。学生たちは、学内の建物までも占拠し、イスラエルを悪しざまに罵(ののし)った。「ユダヤ人を虐殺せよ」とも叫びはじめたから、周囲には「反ユダヤ主義」の感染に映った。

アメリカ下院ではこれを問題視し、ハーバード大学、MIT、さらにはペンシルヴェニア大学の学長に対する公聴会が開かれた。彼ら学長を責めたのは、共和党の議員たちである。ハーバード大学学長は、これに対して説得力のある発言ができず、自身の過去の論文の盗用疑惑も重なり、辞任している。

ハーバード大学やＭＩＴにかぎらず、アメリカのエリート大学では、リベラルな校風が行き過ぎると、過激な行動にはしる学生も現れる。それは、アメリカがこれまで育ててきた常識と相反するものであり、アメリカの分断にもつながっている。ハーバード大学、ＭＩＴは、そうした現実に直面もしているのだ。

また、ハーバード大学が直面するのは、公正な入試と多様性の間の矛盾である。多様性を目指すハーバード大学をはじめアイビープラスは、弱者である黒人の権利を守るため、新入生の比率を白人５割、非白人５割にしようとしている。じつのところ、アメリカの白人は全体で６割を占めるから、白人にとっては名門大学はますます狭き門となる。ハーバード大学の合格率は、もともと４％程度にすぎないのだ。

一方、ハーバード大学に黒人学生が増えているかというと、２０２３年の新入生で７％にとどまっている。非白人枠の多くをアジア系が得ているからだ。

だが、これでもハーバード大学は黒人に下駄（げた）を履（は）かせているとの指摘がある。ハーバード大学は、ひそかにアジア系の受験者に格下げを行ない、アジア系の合格者を減らそうとしているというのだ。ハーバード大学は多様性にこだわるあまり、入試の公正を毀損しているともいわれる。ハーバード大学はアジア系アメリカ人たちから訴訟を起こされ、世界最高の大学の悩みとなっている。

●民主党の人材供給源となっているハーバード大学ケネディ・スクール

ハーバード大学ケネディ・スクールは、ハーバード大学の公共政策大学院である。民主党の人材供給源であり、日本人のおもな修了生には、自民党の茂木敏充、林芳正、上川陽子ら、次期総理候補たちがいる。

ただ、共和党陣営となると、ケネディ・スクール出身者を評価していない。ケネディ・スクール出身者は、民主党政権とはよい仲を築ける可能性が高いが、共和党政権相手となると多難にもなる。

●日本人にゆかりのあるボストン交響楽団とレッドソックス

ボストンは文化レベルの高い街であり、スポーツもさかんだ。日本人にも馴染み深いのが、ボストン交響楽団とＭＬＢのレッドソックスだろう。

ボストン交響楽団は、全米トップ５のオーケストラとして知られ、１９７３年からおよそ30年近く小沢征爾が音楽監督を務めていた。日本人が世界的な有名オーケストラの音楽監督になった初めての出来事であり、小沢はボストン交響楽団で最も長く音楽監督を務めた指揮者であった。

　レッドソックスは、日本のスーパースターだった松坂大輔（まつざかだいすけ）が6年間にわたって在籍したことで、日本人にも親しまれるようになった。

　レッドソックスは21世紀には4回も優勝し、強豪球団というイメージが強いが、実は86年間にわたって優勝できなかった苦難（くなん）の時代がある。1918年の優勝を最後に、2003年まで世界一を得られなかったのだ。その後、2004年から優勝が復活。2013年の優勝では上原浩治（うえはらこうじ）がクローザーとして勝利に貢献、レッドソックスで最も成功した日本人プレイヤーとなっている。

　ボストンと日本の古くからのつながりを象徴するのが、ボストン美術館だ。全米屈指のボストン美術館は、日本美術の名品を数多く所有することで知られる。これは明治時代に、マサチューセッツ州出身のアメリカ人が日本を訪れ、日本文化に興味を持つことが多かったからだ。

　代表が、動物学者のモース、美術研究家のフェノロサだ。大森貝塚の発見で知られるモースは、日本で多くの陶磁器を集め、ボストン美術館に譲渡売却した。フェノロサも日本の伝統美術に傾倒、ボストンに持ち帰っている。

⑥ ニューハンプシャー州
消費税、所得税ゼロの地

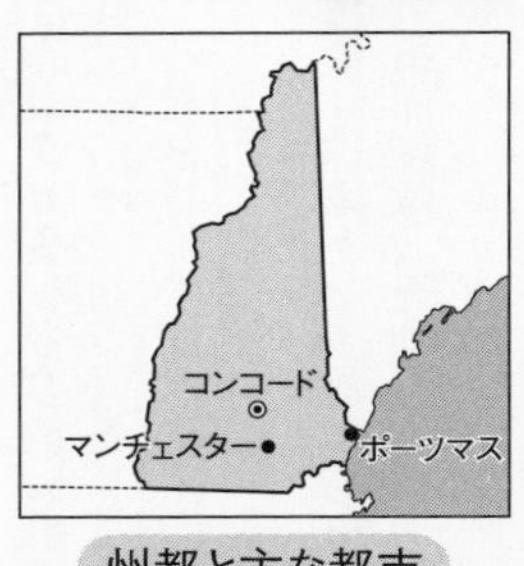

州都と主な都市

▼面積と人口　全米で5番目に狭い州

ニューハンプシャー州の面積は、2万4217㎢であり、合衆国で5番目に狭い。日本の神奈川県と同程度の広さでしかない。人口は、139万人を上回るくらいだ。

▼地勢と気候　南部には1300以上もの湖沼が

ニューハンプシャー州は、東海岸に位置し、州の北方はカナダに接する。北部にはホワイト山地があり、森林に覆(おお)われる。南部には湖沼(こしょう)が多い。北部のワシントン山の標高は1917mで、合衆国の北東部では最も高い。気象が激しく変化することで知られる。

また南部を中心に多い湖沼は、1300以上もある。ほとんどが、氷河(ひょうが)の跡が湖沼になったというものだ。河川(かせん)にも恵まれ、河川は延(の)べ2500㎞にもなる。湖沼や河川は、絶好の釣り場にもなっている。北緯42度よりも北に位置しているため、夏は涼しいが、冬の寒さは厳しい。

▼**歴史**　9番目に連邦政府に加入

建国13州の1つであり、9番目に連邦政府入りしている。

▼**政治風土**　大統領選の予備選が最初に行なわれる州で、民主党が優勢

ニューハンプシャー州は、アメリカ大統領選となると、世界的に脚光を浴びる。大統領選挙の「キックオフ州」となっているからだ。

4年に1回のアメリカ大統領選挙では予備選挙（プライマリー）があり、その予備選を最初に行なう州がニューハンプシャー州である。ニューハンプシャー州での動向が他の州に与える影響力は大きく、アメリカ大統領選の行方を予測するのに欠かせない。実際、同州で予備選に勝った候補者が、党公認の大統領候補に選ばれるケースは多い。

同州では民主党が優勢で、選挙人の数は4である。

▼**名産と名物**　豊かな自然を背景に林業や観光がさかん

ニューハンプシャー州には、機械工業、電気工業もあるが、豊かな森林資源を利用しての林業、木工業もさかんだ。リゾート地として、夏は避暑、冬はスキーが人を呼び寄せている。

●第二次世界大戦後の世界経済を決めた地ブレトンウッズ

ニューハンプシャー州の北部には、人口1000人にも満たないキャロルという小さな町がある。そのなかにブレトンウッズという土地がある。州最高峰のワシントン山の麓(ふもと)にある、人家のほとんどない静かな土地である。

実はこのブレトンウッズは、世界史を動かした土地である。第二次世界大戦のさなか、1944年夏、この地のマウントワシントンホテルで連合国通貨金融会議が開かれ、国際通貨基金（IMF）、国際復興開発銀行（IBRD）の設立が決定された。と同時に、アメリカのドルを基軸通貨とし、金1オンスが35ドルと定められた。

これがいわゆるIMF体制であり、戦後の西側経済は、アメリカの力が揺らぐ1970年代まで、IMF体制を基本とした。日本の戦後復興も、IMF体制の恩恵による。

ニューハンプシャー州の特徴は、個人所得税と消費税がゼロであるところだ。そのため、ほかの州からわざわざニューハンプシャー州まで買い物に出掛ける者もいるくらいだ。ニューハンプシャー州が所得税、消費税なしでも成り立つのは、ほかに税があるからだ。企業には税金を課しているし、ギャンブル税や酒税もある。加えて、州政府がコンパクトだから、多くの税金を必要としていないのだ。

⑦ ニューヨーク州
多様な人種がひしめく世界金融の中心都市

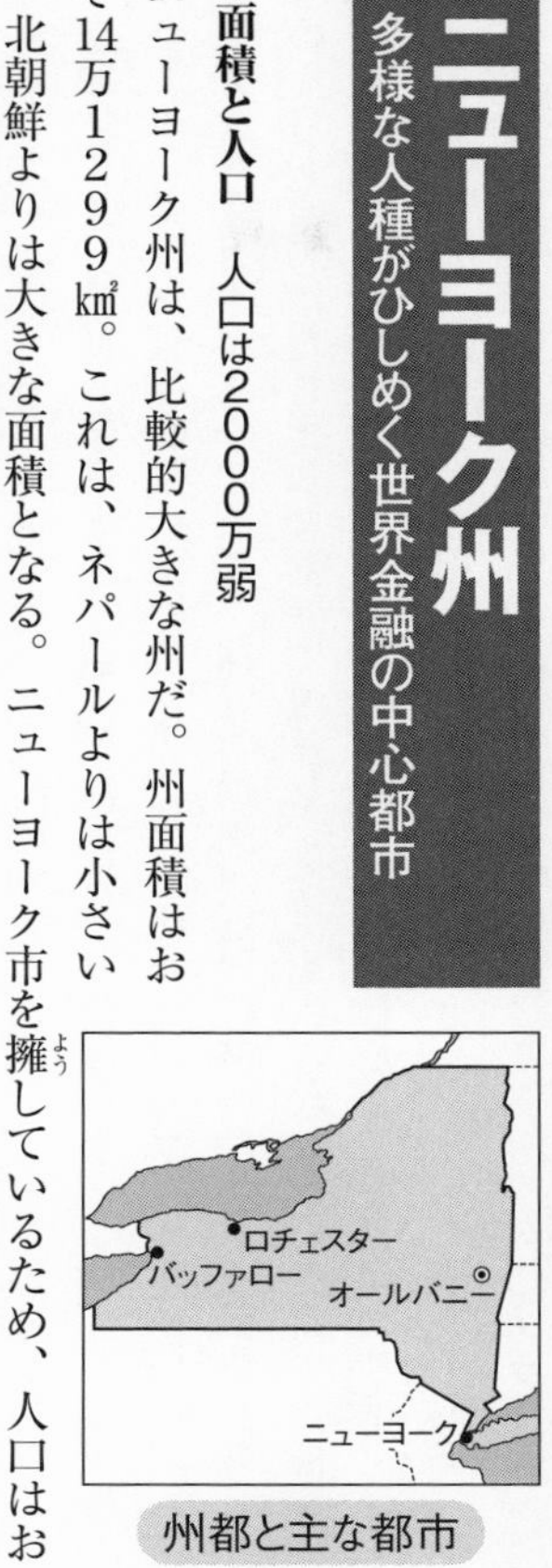

州都と主な都市

▼面積と人口　人口は2000万弱

ニューヨーク州は、比較的大きな州だ。州面積はおよそ14万1299㎢。これは、ネパールよりは小さいが、北朝鮮よりは大きな面積となる。ニューヨーク市を擁しているため、人口はおよそ2000万人に近い。

▼地勢と気候　5大湖地区と大西洋を結ぶ

ニューヨーク州は、東海岸に位置する。東南のニューヨーク市が唯一、外洋と接し、あとは内陸に広がる。州の西側は5大湖の1つであるエリー湖岸となっていて、実は5大湖地区と大西洋を結ぶ要となっている。州の南北を流れるのは、ハドソン川だ。比較的、冷涼な気候にある。

▼歴史　最大都市ニューヨークはもともと港湾都市だった

建国13州の一角であり、一時、首都となった時代もある。最大の都市ニューヨークは、港湾都市として発展を遂げたのち、金融都市に変貌していく。

▼政治風土　**選挙人28人の大票田で、民主党が優勢**

大統領選における選挙人の数は28だから、大きな票田だ。民主党が優勢だが、地方に行けば共和党も強い。

▼名産と名所　**東部には自由の女神、西部にはナイアガラの滝**

州西部にあるバッファローの北東近く、カナダとの国境にあるのが、ナイアガラの滝だ。ニューヨークの自由の女神は、アメリカのシンボルだけに、観光州の側面も持つ。また、内陸では、冷涼な気候を活かしてのキャベツ栽培もさかんだ。

●金融・メディア企業が集中するニューヨーク

ニューヨークは、世界金融の中心である。マンハッタンのウォール街には、ニューヨーク証券取引所があり、ここの株価の動向が世界経済を動かす。暴落でもしようものなら、それはたちまち全世界に波及し、恐慌を引き起こす。ウォール街発の1929年の大恐慌はナチス・ドイツの台頭をもたらしたし、21世紀のリーマン・ショックは欧米経済をがたつかせ、中国の浮上を招来した。

ニューヨークには、全米のマスコミが集中している。アメリカの3大テレビ局であるABC、NBC、CBSは揃(そろ)って、ニューヨークのマンハッタン地区に本拠を置いている。世界的に影響力を持つ新聞『ニューヨーク・タイムズ』『ウォール・ストリート・ジャーナル』の本社もまた、ニューヨークにある。テレビ、新聞はすでにレガシーメディアになったという指摘もあるが、ニューヨークはメディアの拠点として機能し続け、世界に強い影響力を及ぼし続けているのだ。

●実は、鉄道の州でもあるニューヨーク州

アメリカというと「クルマ大国」のイメージが強く、鉄道はすたれている印象があるが、ことニューヨーク州に関しては違う。ニューヨーク市そのものが、世界屈指の地下鉄網を運営している。営業キロ数に関しては、上海、北京、ロンドンに次いで世界第4位。中国が台頭するまえは、ロンドンと並ぶ地下鉄都市だった。

ニューヨークには、「グランド・セントラル駅」と「ペンシルヴェニア駅」という2つの主要駅がある。このうち、ペンシルヴェニア駅は、アメリカ初の高速鉄道である「アセラ・エクスプレス」の起点駅の1つである。

ニューヨーク市のど真ん中にある「グランド・セントラル駅」は、世界最大の駅といっていい。地上からは想像もできないが、地下には44面67線ものプラットホー

ムがあるから、東京駅の地下の比ではない。

●エリー運河の開削が、ニューヨークを大都市に変える

ニューヨークが圧倒的な発展を遂げるのは、1825年のエリー運河の開通によってである。それまで、ニューヨークはフィラデルフィアに次ぐ、第2の都市にすぎなかった。

ニューヨークにかぎらず、アメリカの発展には、内陸の水上交通の発達が鍵となっていた。ニューヨーク州を南北に流れるのは、ハドソン川である。ニューヨークはハドソン川河口に位置し、内陸と外洋を結ぶ拠点であった。当時、アメリカの内陸にある5大湖地区の発展もはじまっていて、水上交通によって5大湖と大西洋を結び付ける必要があった。そこから、5大湖の1つであるエリー湖とハドソン川を結ぶ運河が開削（かいさく）されたのだ。ニューヨークは、5大湖地区と大西洋を結ぶ要として、大発展をはじめたのだ。

また、エリー運河の開削には多くの労働力を必要としていた。ニューヨーク州はこれをヨーロッパ移民に頼り、ヨーロッパから移民を募（つの）った。

こうなると、ヨーロッパからの移民は、どの街よりもまずはニューヨークを目指

すようになる。こうして、イタリア系やロシア系、ポーランド系、アイルランド系など、さらには南米からも多くの人たちがニューヨークに移り、居住するようになった。そこからニューヨークは「人種の坩堝（るつぼ）」と呼ばれるようになったのだ。

●「民主台湾」の全米、世界への発信地となったコーネル大学

ニューヨークにはニューヨーク州立大学という大規模大学があるが、より有名なのは、コロンビア大学とコーネル大学だ。ともに「アイビーリーグ」の一員であり、コロンビア大学のジャーナリズム大学院にはピューリッツアー賞の選考委員会が設置されている。

州中部の小都市イサカにあるコーネル大学は、台湾の民主化の父ともいえる李登輝（りとうき）の母校でもある。1995年、李登輝総統は中国のいやがらせを押し切り、コーネル大学での講演を実現、台湾の民主化の成果を訴えている。これにより、アメリカと世界に民主・台湾が知られるところとなった。

●イタリア・マフィアに挑戦をはじめたアルバニア・マフィアの恐怖

世界都市ニューヨークは、1950年代から1970年代にかけてアメリカの繁

栄の象徴であったが、「世界一危険な都市」といわれた時期がある。ベトナム戦争や石油危機に端を発する不況によって、ニューヨークの街は荒れ、犯罪は急増した。

その後、1990年代、ルドルフ・ジュリアーニ市長の登場によってニューヨークは復活する。彼は「割れ窓理論」（建物の割れ窓を放置すると、犯罪を起こしやすい環境をつくり出す）をもとに、警察に予算を重点的に組み込んだ。彼は犯罪の減少に取り組み、都市の景観整備にも気を配った。

ジュリアーニ市長によって持ち直したニューヨークの治安だが、だからといってニューヨークのウラ社会が消滅したわけではない。映画『ゴッドファーザー』でも知られるイタリア系マフィアには5大ファミリーがあり、いまもニューヨークの闇社会に君臨している。

ただ、近年、イタリア系マフィアに挑戦をはじめているのが、アルバニア・マフィアだ。現在、ヨーロッパにはアルバニア出身のギャングが進出をはじめ、海を渡り、ニューヨークでも一大勢力になろうとしている。

アルバニア・マフィアはイタリア・マフィアよりもはるかに戦闘的、残忍であり、コワモテのイタリア系マフィアを震え上がらせている。マンハッタンやブロンクスが両者の抗争の場となっている。

●ヤンキースにカーネギーホールなどスポーツも文化もさかん

ニューヨークは、全米屈指のスポーツと文化の都市である。ニューヨークには、ヤンキースとメッツという２つのＭＬＢの人気球団がある。とりわけヤンキースはアメリカ野球の象徴ともいえる存在であり、イチローもピンストライプのユニフォームに憧れた。松井秀喜（まついひでき）は、そのヤンキースでファンからも認められたプレイヤーであった。

また、マンハッタンにあるマディソン・スクエア・ガーデンは屋内スポーツの殿堂（でんどう）でもある。

ＮＢＡのバスケットボールの試合、ＮＨＬのアイスホッケーの試合などが行なわれるだけでなく、大規模なコンサートの会場にもなっている。プロレスでは、ジャイアント馬場がマディソン・スクエア・ガーデンのメインイベントを戦い、彼の格を高めている。

ニューヨークの文化を象徴するのは、カーネギーホールだ。「鉄鋼王（てっこうおう）」と呼ばれたアンドリュー・カーネギーによって創建された建物は、世界屈指のコンサートホールである。ドヴォルザークの交響曲第９番『新世界から』の初演も、このホールで行なわれている。

⑧ ロードアイランド州
「建国13州」で最後に加盟した、全米最小の州

州都と主な都市

▼面積と人口　合衆国で最も小さい州

ロードアイランド州は、合衆国で最も小さい州だ。面積は4002㎢と、日本の滋賀県並みである。人口は110万人弱であり、富山県ほどだ。全米で2番目に人口密度が高い州である。

▼地勢と気候　海岸エリアを持ち、冷涼な気候

ロードアイランド州は、東海岸に位置し、その南側が海岸エリアとなる。北方は内陸エリアとなる。州都プロヴィデンスも、内陸都市だ。隣のコネチカット州と同じく、冷涼（れいりょう）な気候下にある。

▼歴史　建国13州の中で、最後に加盟した州

マサチューセッツ州で迫害された移民たちが切り開いた土地である。

▼政治風土　カトリックが全米一多く、民主党が優勢

宗教的な寛容を目指すところからはじまった州であり、そのためカトリックが全

米一多い。1988年以降、民主党が連勝している。

▼名産と名物　アメリカ最初の綿紡績工場がつくられたかつては繊維産業が強かったが、現在はサービス業、観光業にシフトしている。リンゴやブラックベリーの栽培もさかん。

●信仰の自由を求めた移住者たちが州を形成した

全米最小の州・ロードアイランド州が、州として独立しえたのには、理由がある。1つには、この地に信仰の自由を求める者らが移住してきたからだ。アメリカは、信仰の自由の国といわれる。アメリカの源流であるニューイングランド（合衆国北東部）でも信仰の自由があったと語られるが、実はそうでもなかった。17世紀、ヨーロッパではカトリックとプロテスタントの対立は長く続き、宗教迫害を逃れようとした者らがアメリカに渡った。彼らも、他の宗派には不寛容だった。ボストンがあるマサチューセッツ州もそうだった。

そんな中、マサチューセッツ州には、ロジャー・ウィリアムスという牧師がいた。彼は政教分離を強く唱えたため、マサチューセッツ州にはいられなくなり、ロードアイランドに新天地を求めた。ウィリアムスは自らが切り開いた町を「プロヴィデンス（神の摂理（せつり））」と名付け、プロヴィデンスは州都となった。

1636年、ウィリアムスはロードアイランド憲章を制定、ここで信仰の完全なる自由をうたっている。そんな経緯もあって、ロードアイランド州は、隣のマサチューセッツ州やコネチカット州のようなニューイングランド植民地とは一線を画（かく）した。これにより、小さな州ながら、ロードアイランド州は1つの主張と個性を打ち出し、他の州に併合されることもなかったのだ。

ロードアイランド州がニューイングランド（合衆国北東部）の諸州といかに一線を画そうとしていたかは、同州がアメリカ建国13州の最後、「13番目の州」であったことが物語る。

同州は早くからイングランドからの独立を宣言していたが、合衆国連邦政府に入ることには逡巡（しゅんじゅん）していた。連邦政府が巨大化しすぎることを警戒したからだ。そのため、最後の最後になって連邦政府入りを決めている。

同州の州都プロヴィデンスにあるブラウン大学は、アイビーリーグの一員であり、難関大学の1つだ。慶應義塾大学を創立した福沢諭吉は、ジョン万次郎の勧めもあって、同大学で教育のありようを学んでいる。アイビーリーグで初めて女性の学長を出した、開明的な大学でもある。

●アメリカ産業革命発祥の地

自由を求めるロードアイランド州は、アメリカ産業革命のゆりかごとなった地でもある。17世紀後半、イングランドのリチャード・アークライトは、紡績機(ぼうせきき)を発明。アークライトの徒弟(とてい)サミュエル・スレイターは、その門外不出(もんがいふしゅつ)の技術を持って、ロードアイランド州に渡る。彼はプロヴィデンスのクェーカー教徒商人の支援のもと、州内ポータケットにアメリカ最初の綿紡績工場を建設している。

ここから、アメリカ産業革命がはじまったといっていい。同州は、アメリカ産業革命の先端をはしり、1790年代ごろから蒸気機関の利用もはじめている。

●大富豪の別荘が集まるニューポートで行なわれる「黒船祭」

ロードアイランド州の港町ニューポートは、かつて鉄鋼や鉄道で成功した富豪たちがこぞって別荘を建てたことで知られる。これら別荘群は「ニューポートマンションズ」と呼ばれ、一部は一般公開もされている。

ニューポートでは、毎年夏に「ニューポート黒船祭」が行なわれている。この町が、幕末、黒船を率いて日本に来航したペリー提督の生誕地だからだ。下田にも「黒船祭」があり、ニューポートでは1984年からはじまった。

⑨ メーン州
フランス系人口が多い森林の地

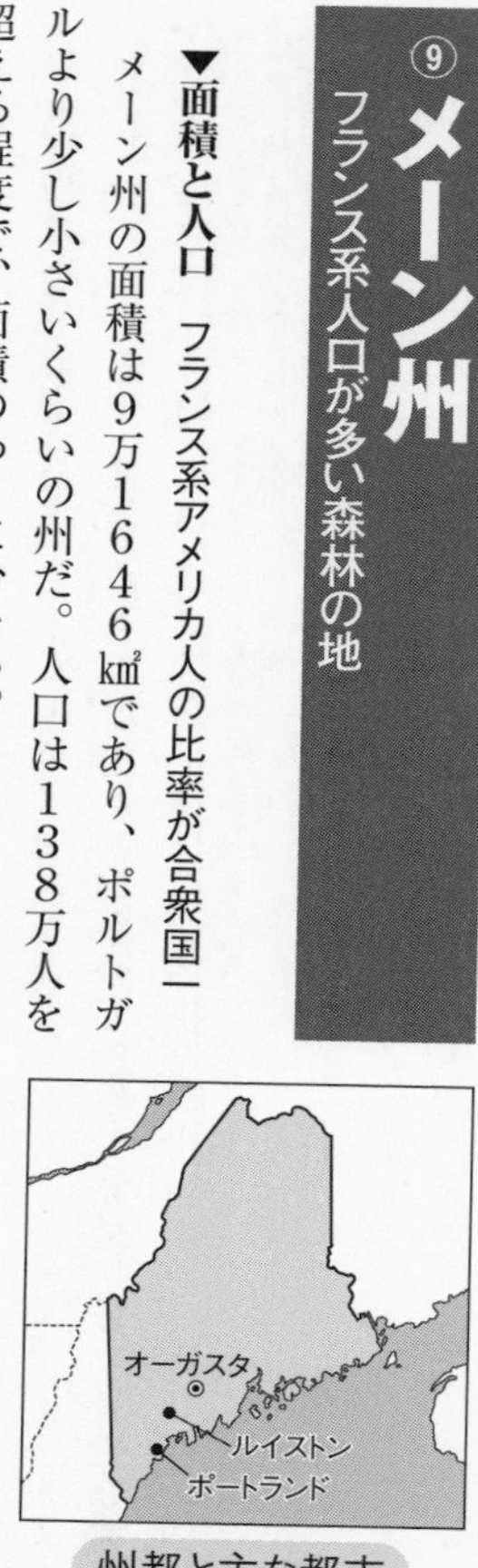

州都と主な都市

▼面積と人口　フランス系アメリカ人の比率が合衆国一

メーン州の面積は９万１６４６㎢であり、ポルトガルより少し小さいくらいの州だ。人口は１３８万人を超える程度で、面積のわりに少ない。

メーン州は、フランス系アメリカ人の比率が合衆国一高い。人口のおよそ５％が、フランス語の話者である。

▼地勢と気候　合衆国で最も早く太陽が昇る州

メーン州は、東海岸にあり、合衆国の中で、最も北東に突出した位置にあるため、全米で一番早く太陽が昇る州である。北方ではカナダと接し、国内の州境といえば、ニューハンプシャー州のみ。いわば、合衆国の外(はず)れに位置する。北方に位置しているため、冷涼(れいりょう)な気候である。

メーン州は、森林の州でもある。州面積の９割が森林に覆(おお)われ、特に松の木が多い。そこから、「松の木の州」ともいわれる。一方、海岸部にはフィヨルドが形成され、沖合にはおよそ2000もの島々が点在している。

▼歴史　もとは、マサチューセッツ州の一部であった メーン州はマサチューセッツ州から枝分かれした州である。そこには奴隷制が絡んでくるが、詳しくはあとで説明する。

▼政治風土　1992年以降、民主党優位の土地 メーン州も他の東部諸州同様、民主党が優勢だ。1992年以降、連勝街道にあるが、内陸では共和党も票を集めている。選挙人数は4人と、影響力は弱い。

▼名産と名物　夏のリゾート地であり、水産業がさかん メーン州のその景観は美しく、夏は冷涼であるところから、夏のリゾート地ともなっている。海岸部には大金持ちの別荘が立ち並び、「夏のフロリダ」という異称もある。水産業もさかんで、ロブスターとウニが名物だ。ポートランドには、日本人が経営するウニ工場がある。

●奴隷制の反体勢力の工作で生まれた州

メーン州は、ニューイングランド（合衆国北東部）にありながら、イングランドから独立した最初の13州にその名を連ねていない。というのも、独立戦争当時、メーン州はマサチューセッツ州植民地に吸収されていたからだ。現実には、メーン州の州民たちも独立戦争を戦い、同州は戦場にもなっている。

いったんマサチューセッツ州植民地に吸収されたメーン州だが、その後、１８２０年にマサチューセッツ州から分離・独立を果たす。このとき、連邦政府に加盟し、23番目の州となっている。

メーン州のマサチューセッツ州からの枝分かれの背景にあったのは、奴隷制だ。当時、アメリカでは、奴隷制を容認する「奴隷州」と、これに反対する「自由州」とがあった。マサチューセッツ州をはじめとする北部は「自由州」、南部には「奴隷州」が多い。両者は対立しがちで、これが１８６１年からの南北戦争の遠因にもなる。メーン州も、両者の対立から生まれたのだ。

南北戦争前、１８２０年、中西部のミズーリが連邦政府への加盟を望んでいた。だが、ミズーリは奴隷を容認している。ミズーリが新たに連邦に加わると、奴隷州のほうが多くなり、自由州の立場が危ぶまれる。そこで、自由州と奴隷州の数を均衡させるため、自由州を新たに１つ増やすことになった。これにより、奴隷制反対のメーンがマサチューセッツ州より分離され、新たに１つの州となったのだ。

⑩ヴァーモント州
冷涼なリゾート地のリベラル・カラーの地

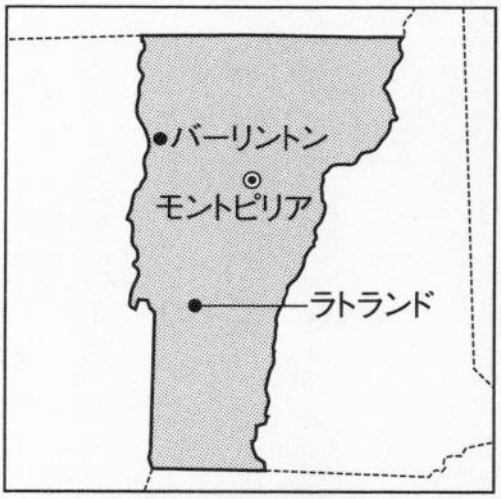

州都と主な都市

バーリントン
モントピリア
ラトランド

▼面積と人口　フランス系移民が多い

ヴァーモント州の面積は2万4923㎢で、イタリアのシチリア島よりもやや小さい。人口は、64万人を超える程度だ。

ヴァーモント州には当初、フランス移民が住み着いていた。独立後も、フランス系移民が多く、今なおフランス系白人が比較的多い州である。そのため、英語とフランス語併記の看板もあるほどだ。

▼地勢と気候　州面積の77%が森林の内陸州

合衆国の北東部に位置し、四方を陸に囲まれた内陸州である。東の州境ではニューハンプシャー州、西の州境ではニューヨーク州と接している。

ヴァーモント州は、自然豊かな地であり、それは州名にも反映されている。「ヴァーモント」は、フランス語で緑の山を意味する「les Verts Monts」が英語化したものだ。実際、州面積の77%が森林に覆われ、国内ではリゾート地として知られる、冷涼な気候下にある。

▼歴史　独立戦争後、14番目に合衆国政府に加盟

ヴァーモント州は、最初の建国13州には加わらず、14番目に連邦政府に加入した。ただ、他の建国13州同様、独立戦争を戦い抜いている。そこには、ヴァーモント州の独自性がある。

▼政治風土　環境問題意識のあるリベラルが多く、民主党優勢

他の東部諸州同様、民主党が強い。ヴァーモント州には、環境問題に関心のあるリベラル系が多い。彼らが、民主党の基盤である。

▼名産と名物　『サウンド・オブ・ミュージック』のような美しい景観

主要産業は、自然を活かした観光業と農業である。農産物、農業加工物では、メープルシロップや白いチェダーの一種であるヴァーモント・チーズ、リンゴなどが有名だ。特に、同州産のメープルシロップの品質は高く、世界的に需要がある。

ヴァーモント州中北部にあるトラップ一家のファミリーロッジは、有名な観光地だ。トラップ一家といえば、ミュージカル映画『サウンド・オブ・ミュージック』のモデルとなった音楽一族である。

映画の舞台は、彼らの故郷オーストリアである。けれども、第二次世界大戦中に、一家はアメリカに移住し、故郷の美しい風景に似たヴァーモント州バーリントン東部にあるストウにロッジを構えたのだ。ヴァーモント州も、「サウンド・オブ・ミュージック」のような美しい景観に恵まれた世界だったのだ。

●ハウス食品のカレールーの商品名との関係

ハウス食品の即席固形カレールー『バーモントカレー』の名は、この州に由来する。なぜ「ヴァーモント」の名を冠(かん)したかというと、当時ヴァーモント州では、リンゴ酢とハチミツを使った「ヴァーモント健康法」なるものがあったという。ハウスの新製品カレーは、子どもも大人も楽しめるコンセプトであり、リンゴとハチミツを使っている。リンゴ酢とハチミツの「ヴァーモント州」の名は、新商品の名にうってつけだったのだ。ただ、ヴァーモント州では、リンゴはともかく、ハチミツは名産品ではない。

●独立戦争を戦うも、すぐに連邦政府入りしなかったわけ

ヴァーモント州は、ニューイングランド（合衆国北東部）を構成する州でありな

がら、イングランドから独立した最初の建国13州には入っていない。イングランド相手に早くに独立を宣言し、独立戦争では勝利に大貢献しているにもかかわらず、独立戦争後、1791年に14番目の州として合衆国の連邦政府に加盟している。

ヴァーモント州がすぐに連邦政府に加盟しなかったのは、ニューヨーク州、ニューハンプシャー州に、その土地を狙われていた経緯があったからだ。ヴァーモント州は、連邦政府を警戒して、すぐには加盟しなかったのである。

そうはいいながら、ヴァーモント州の独立宣言は1777年と早い。独立戦争のさなかの宣言で、当初は「ニューコネチカット共和国」を名乗った。このとき、合衆国で最初に奴隷制度の廃止を宣言している。その後、「ヴァーモント共和国」と名乗り、独立戦争をともに戦いながら、他の州とは一線を画してきたのだ。

ヴァーモント州は、独立戦争の転換となった地でもある。同州南部にあるベニントンで独立軍はイングランド軍に初めて大勝し、この勝利に勢いづき、サラトガの戦いでイングランド軍を降伏へ追い込んでいる。

こうした経緯から見えてくるのは、アメリカの各州は一枚岩ではなく、領土争いの火種を抱え続けていたということだ。州は1つの「国家」であり、州境線が確定するまでは争いがあったのである。

⑪ メリーランド州
首都ワシントンD.C.はもともと州の一部だった

▼面積と人口　中国地方より少し大きい

メリーランド州の面積は3万2133㎢。中国地方よりやや大きい州である。人口は617万人弱である。

▼地勢と気候　チェサピィーク湾に面した温暖な州

アメリカ東海岸の中部に位置する。州の中央の南北に食い込んでいるのは、チェサピーク湾。湾に面して、ボルティモアや州都アナポリスなどがある。湾は、アメリカ海軍の要地となっている。温暖な気候下にある。

▼歴史　カトリックの植民によってはじまった州

建国13州にその名を連ねるが、合衆国では珍しいカトリックの植民によってはじまった州だ。南北戦争では、北軍側として戦っている。

▼政治風土　ボルティモアを中心に民主党の牙城

民主党が圧倒的に優勢である。特に、ボルティモアは、民主党の牙城（がじょう）。

州都と主な都市

▼名産と名物　ジョンズ・ホプキンズ大学医学部は世界屈指の名門

ハイテク産業がさかんだが、カニの名産地でもある。ボルティモアにあるジョンズ・ホプキンズ大学の医学部は世界屈指であり、附属のジョンズ・ホプキンズ病院もまた世界的にすぐれた病院として知られる。

●首都を補完するための、政府の重要機関が多い

メリーランド州は、合衆国の政治の中枢(ちゅうすう)に近い。同州には、国家安全保障局（NSA）がある。NSAはアメリカ国防総省の諜報(ちょうほう)機関であり、世界屈指の諜報力を有する。通信、暗号、セキュリティに長(た)け、世界中を監視する力を持っている。さらには、政府機関の国立衛生研究所もある。

大統領の山荘(さんそう)「キャンプデービッド」もまた、州内のカトクティン山の中にある。キャンプデービッドは、アメリカ大統領が各国の要人(ようじん)をもてなす場であり、最初に訪れたのはイギリスのウィンストン・チャーチル首相だ。もてなしたのは、フランクリン・D・ローズヴェルト大統領だった。日本では中曾根康弘(なかそねやすひろ)首相が初めて招かれ、小泉純一郎(こいずみじゅんいちろう)首相、安倍晋三(あべしんぞう)首相も訪れている。

メリーランド州にアメリカ政府の重要な機関がある理由は、同州が首都ワシント

ンD.C.に近いからだ。メリーランド州は、南・北・東からワシントンD.C.を取り囲んでいる。

なぜ、こんな地理関係かといえば、ワシントンD.C.はもともとメリーランド州の土地だったからだ。

合衆国が新都ワシントンを建設する際、メリーランド州が土地を手離し、新都のために提供したのである。そのため、メリーランド州はワシントンと密接であり、首都を補完するような機能を有しているのだ。

そのメリーランド州最大の都市といえば、ボルティモアである。日本ではMLBのオリオールズの本拠地として知られるが、チェサピーク湾に面した古くからの港町だ。その名は、この地を切り開いたイングランド生まれのボルティモア卿(きょう)の名に由来する。メリーランド州は、ボルティモアからはじまっているのだ。

●宗教や人種に寛容なメリーランド州

アメリカは、プロテスタントの多い国である。そんな中メリーランド州は、カトリックが比較的多い州となっている。2000年の時点で、カトリック人口はおよそ95万人、人口比で州の24%である。単独宗派としては、メリーランド州の中で第

1位である。ユダヤ教徒も人口比で4%と、これまた多い。

その歴史的背景には、この州がカトリックの植民地として出発したことがある。ゆえに、信仰の自由を強くうたっているのだ。

メリーランド植民地をつくったボルティモア卿は、カトリックであった。彼は、カトリックが安全に過ごせる場所として、メリーランドを切り開いていったのだ。

歴史の教科書では、ピューリタンは本国イングランドで迫害されていたと書かれがちだが、実のところ、ピューリタンもカトリックもともに迫害されていた。時代によって、迫害される宗派が変わっていただけなのだ。とりわけ、イングランドではカトリックは憎まれ、17世紀にはカトリックの王を認めないような風潮になっていた。カトリックにとって、イングランドは安息の地ではなく、ゆえに新大陸に向かう者もいたのだ。

そのカトリックは、新大陸でも少数派である。仮にカトリックが新大陸でプロテスタントを迫害したら、すぐに多数勢力のプロテスタントに迫害される。メリーランドのカトリックたちは自らが迫害されないために、信仰の自由を強く掲げ、宗教的に寛容であろうとした。また、インディアンに対しても共存を目指したから、すべてに寛容であったのだ。それは、この時代の新大陸ではめずらしいケースであった。

このののち、メリーランドではカトリックがいじめられる時代もあったが、そうした宗教的寛容の素地は残った。メリーランドにユダヤ教徒が比較的多いのも、こうした宗教的寛容の素地があったからだろう。

寛容といえば、同州にかつていたインディアンたちも寛容であった。彼らは、州内の黒人奴隷を自らの部族員として受け入れたのである。インディアンと黒人たちは婚姻するようになり、彼らの子はブラック・インディアンと呼ばれた。同州では、ブラック・インディアンが増加した時代もある。

メリーランドの寛容は、黒人奴隷についてもそうであった。アメリカ独立戦争後、農園主の多くが黒人奴隷の解放をはじめ、1860年までにおよそ半数の黒人奴隷が解放され自由の身となっていた。

これは、南北戦争を左右した。メリーランドは位置的に南部にあり、奴隷制を容認する南部連合（アメリカ連合国）に加わってもおかしくなかった。実際、隣のヴァージニア州は南部連合に加わっているが、メリーランド州は合衆国にとどまった。かりにメリーランド州が南部連合に加わっていたら、すぐ近くの首都ワシントンは危なかっただろうが、黒人奴隷への寛容がメリーランドを押しとどめ、アメリカの歴史を変えたのだ。

⑫ ヴァージニア州
最も多くの歴代大統領を輩出した州

州都と主な都市

▼面積と人口　ブルガリア程度の大きさの州

ヴァージニア州の面積は、11万786㎢である。これは、ブルガリア程度の広さである。人口は868万人程度となっている。

▼地勢と気候　東海岸の中南部に位置し、北東部は首都に接する

ヴァージニア州は内陸部に広く、州の西はアパラチア山脈以西にある。東では、ポトマック川の対岸が首都ワシントンD.C.だ。メリーランド州とともに、ワシントンD.C.を囲んでいる。温暖な気候下にある。

▼歴史　イングランド最初の植民地として出発

州東部にあるジェームズタウンは、イングランドが最初に築いた北米植民地である。ヴァージニア州は建国13州の一角だが、南北戦争では南部連合（アメリカ連合国）側に立った。

▼政治風土　南北の気質の違いから、激戦州の1つ

ヴァージニア州は、東海岸の激戦州だ。共和党のブッシュ父・子が勝利したかと思ったら、民主党のオバマやヒラリー・クリントン、バイデンも凱歌をあげる。同州がスイング・ステート（激戦州）と化しているのは、南北の気質が異なるからだ。ワシントンD.C.周辺の北部はリベラル、南西部は保守色が濃い。

▼名産と名物　特産品は「ヴァージニア・ピーナッツ」

北部ではソフトウェア産業、南部ではタバコやピーナッツの栽培がさかんで、南北で産業構造が異なる。大粒の「ヴァージニア・ピーナッツ」は、州の特産品だ。

●アメリカ国防総省やCIAの本部がある

ヴァージニア州は、隣のメリーランド州とともに首都ワシントンD.C.を補完する州である。ポトマック川を渡れば、ワシントンD.C.というほど近いからだ。ポトマック川の畔には、国内最大の国立墓地アーリントン墓地がある。アーリントン墓地はワシントンに属するものと思われがちだが、ヴァージニア州内にあるのだ。ワシントンの地下鉄も、ヴァージニア州まで延びている。

ヴァージニア州内にある政府系機関といえば、アメリカ国防総省（ペンタゴン）

とアメリカ中央情報局（ＣＩＡ）本部が双壁だ。国防総省はポトマック川沿岸のほど近くにあり、世界最強を誇るアメリカ軍の中枢にある。空から見れば、五角形（ペンタゴン）となるその建物は、オフィスビルとしては世界最大である。２００１年の同時多発テロでは、ペンタゴンも標的となり、ハイジャックされた旅客機に激突されている。

ＣＩＡは、アメリカ屈指の諜報機関である。ラングレー地区にあるため、通称「ラングレー」と呼ばれている。メリーランド州にあるＮＳＡ（国家安全保障局）がシギント（通信傍受による諜報）を得意とするのに対して、ＣＩＡはヒューミント（人間を媒介とした諜報）を身上とする。ＣＩＡの策謀により、これまで中小国家の政府が転覆させられたことがあった。

国立アーリントン墓地は、ペンタゴンの北に位置する巨大な墓地である。多くの無名の戦士たちのみならず、元帥クラスもここに眠っている。１８６４年、南北戦争の戦没者のための墓地として建設されている。各国首脳がワシントンＤ．Ｃ．を訪れたとき、敬意を捧げる場でもある。

ワシントンＤ．Ｃ．に隣接するうえ、ペンタゴンもあるヴァージニア州には、政府や軍関係の雇用者が多い。そのため、失業率は低い。

また、ワシントンD.C.がすぐそこにあることもあって、アメリカの大衆紙『USAトゥディ』の本拠(ほんきょ)は、アーリントンそばのマクリーンに置かれている。ワシントンD.C.に本社のある『ワシントン・ポスト』やニューヨークの『ウォール・ストリート・ジャーナル』などと並んで『USAトゥディ』は国内全域で入手可能な新聞であり、ワシントンのみならず、全米で読まれている。発行部数も、『ワシントン・ポスト』よりはるかに多い。

●世界最大の海軍基地ノーフォーク

ヴァージニア州のノーフォークは、北のメリーランド州アナポリスとともに、アメリカ海軍の要をなす。ともにチェサピーク湾に面し、ノーフォークはチェサピーク湾から大西洋に出るチョークポイント(戦略的海上水路)である。アナポリスには海軍兵学校があり、ノーフォークにはアメリカ海軍の大基地がある。

特にノーフォークのアメリカ海軍基地は、アメリカのみならず、世界で最大の海軍基地である。のみならず、アメリカ海兵隊総軍も司令部をここに置いている。ノーフォーク海軍基地には、世界最強の「ニミッツ」級航空母艦や「ロサンゼルス」級原子力潜水艦がつねに複数以上属している。

また、ノーフォークの対岸にあるニューポートニューズの造船所は巨大にして、高い技術を有している。超大型空母「ニミッツ」級の建造を手掛けられるのは、ニューポートニューズ造船所のみだった。ノーフォーク、ニューポートニューズは、アメリカ海軍の心臓のようなものだ。

●アメリカ植民地はじまりの地「ジェームズタウン」

ヴァージニア州は、イングランドによるアメリカ植民地のはじまりとなった地だ。エリザベス1世の支援を受けたウォルター・ローリー卿（きょう）は、1580年代からこの地に入植した。その植民は困難を伴い、1607年になってようやく、ジェームズタウンを建設した。その名は時のイングランド王ジェームズ1世に由来する。

そして、ジェームズタウンから広がった植民地が、「ヴァージニア」となる。ヴァージニアの名は、植民のはじまった時代の女王エリザベス1世のニックネーム「ヴァージン・クイーン（処女王）」による。

イングランドがこの地に最初の植民地を築いたのは、ライバル視している大国スペインに対抗するためだ。スペインの北米大陸、南米大陸への進出はイングランドよりもはるかに早かった。出遅れたイングランドは、スペインがまだ進出していない北米大陸の北方を目指し、植民地化をはじめたのである。

こののち、1620年、ピルグリム・ファーザーズがプリマスに上陸、新たに植民地を築き、合衆国北東部であるニューイングランドを形成していく。アメリカの精神やあり方はニューイングランドを源流としているが、それよりも早くにイングランド植民地はできていたのだ。

そんなわけで、ヴァージニア州の歴史は、イングランド系アメリカの中で最も古い。しかも、早くからタバコ栽培をはじめ、経済基盤を確立した。ヴァージニアは豊かな植民地となっていて、人材も輩出している。初代大統領ワシントン、第3代大統領ジェファソンをはじめ、最初の5人の大統領のうち、4人がヴァージニア出身だ。その後も多くの大統領を輩出し、現在に至るまで全米で最も多い合計8人の大統領を生み出している。

●リッチモンドは南北戦争の南部連合の首都だった

合衆国を工業の北部と農業の南部とで分けるなら、ヴァージニア州は南部といっていい。こうした実情もあって、ヴァージニア州は、南北戦争では南部連合（アメリカ連合国）に加わっている。ヴァージニア州には、奴隷を使っての農業経営も多く、奴隷を否定する北部州の考えには同調できなかったのだ。南部連合の首都となったのは、州都でもあるリッチモンドであった。リッチモンド自体がヴァージニア州の南部に位置し、南部連合の意志を代表したのだ。

もちろん、ヴァージニア州民には逡巡（しゅんじゅん）もあった。ヴァージニア州は最も古いイングランド系植民地の歴史を持ち、多くの大統領も輩出してきている。合衆国にとって重要な州である。

そうした土地柄か奴隷制に反対する人もおり、それが州の分離にもつながっていたのだが、ヴァージニア州としては南部連合に回ったのだ。

その南部連合きっての名将といわれたロバート・リー将軍もまた、ヴァージニアの出身である。彼はリンカンから合衆国政府軍の最高司令官を依頼されたが、それを断り南部連合の軍を率いた。彼は敗軍の将ながら、今なお名将として称（たた）えられている。

ヴァージニア州は、イングランドの植民地の中で、初めて黒人奴隷を連行してきた州でもある。実は、ワシントンもジェファソンも、奴隷を使っていた。ただ、近年、アメリカでは奴隷制と関係の深かったジェファソンについては見直しが進み、ニューヨーク市の議事堂から彼の像が撤去されている。

⑬ケンタッキー州
共和党を支持するバーボン・ウィスキーの故郷

▼面積と人口　韓国とほぼ同程度の大きさ

ケンタッキー州の面積は10万4659㎢。アイスランドや韓国よりやや大きい州だ。人口は451万人程度である。

▼地勢と気候　テネシー川、ミシシッピ川の水運に恵まれる

ケンタッキー州は、アパラチア山脈の西に広がる内陸州だ。南北は短く、州の中央を南北に流れるのはテネシー川、州の西を流れるのはミシシッピ川と、水運に恵まれている。北緯35度線の北に位置し、関東と同じ緯度にある。

▼歴史　ヴァージニア州から枝分かれした州

ケンタッキー州は、建国13州の系譜（けいふ）にある州だ。もともとは古い歴史を誇るヴァージニア州の一部であり、ヴァージニア州から分離して生まれた。ヴァージニア州が東海岸経済にあるのに対して、ケンタッキー州はミズーリ川周域の経済を志向し

州都と主な都市

たためだ。１７９２年、ケンタッキー州は合衆国15番目の州となっている。

▼政治風土　2000年以降、共和党が連勝

２０００年以降、共和党が連勝している。石炭産業の州であり、２０１６年、２０２０年の選挙では、トランプの石炭政策が支持された。

▼名産と名物　バーボン・ウイスキーに、ケンタッキー・ダービー

ケンタッキー州は、バーボン・ウイスキー発祥の地である。レキシントンのそばに位置するバーボンで生まれたため、「バーボン」の名で呼ばれるようになった。

バーボンは、51％以上のトウモロコシにライ麦、大麦などを混ぜて造った蒸留酒である。ホワイトオーク材をわざと焦がして熟成させることにより独得の香りが生まれる。『ワイルド・ターキー』『アーリー・タイムズ』などは、日本でも定番人気のバーボンとなっている。

もう１つ有名なのは、「ケンタッキー・ダービー」である。同州最大の都市ルイビルのチャーチルダウンズ競馬場で毎年5月に開催される。アメリカのクラシック三冠の最高峰であり、アメリカで最も人気のある競馬だ。

ケンタッキーがアメリカ競馬の聖地となっているのは、同州のレキシントンが全米屈指の馬の産地となっているからだ。豊富な水に恵まれたレキシントン周辺には、ブルーグラスという牧草の一種があり、馬の成育に適しているのだ。

●南北戦争下で、南北両方の大統領を輩出

ケンタッキー州生まれの最大の偉人といえば、リンカン大統領である。リンカンは南北戦争を指導した合衆国大統領だが、実は南部連合（アメリカ連合国）の大統領ジェファソン・デーヴィスもまたケンタッキー出身である。

つまり、南北戦争では、ケンタッキー出身の政治家がそれぞれのトップに立ち、いがみ合っていたのだ。

同州は、もともとは奴隷制を容認する一方、北部の自由州の影響も強い。南北戦争下、ケンタッキー州は合衆国にとどまった。ただ、内部対立も激しく、南軍側に立つ兵士もいれば、北軍に与する者もいた。

ケンタッキー州の奴隷制を小説にしたのは、ハリエット・ビーチャー・ストウである。彼女はコネチカット州生まれの人物だが、たまたまケンタッキー州に短期旅行に出掛け、そこで見たさまを『アンクルトムの小屋』に書いた。彼女は奴隷制度に反対していたわけではなかったが、この本の反響は大きかった。特にイギリスで反響を呼び、イギリス人がアメリカの奴隷制度を問題視しはじめたところから、ア

メリカ人も奴隷制廃止を強く意識するようになった。

●ケンタッキーフライドチキンの故郷

ケンタッキーといって日本人、いや世界の人がすぐに思い浮かべるのが、「ケンタッキーフライドチキン」だろう。ケンタッキー州は、このチキン料理の故郷でもある。ケンタッキーフライドチキンの生みの親であるカーネル・ハーランド・サンダースは、インディアナ州の出身だが、ケンタッキー州に移り、アパラチア山脈の外(はず)れにあるノースコービンという小さな町でガソリンスタンドを営(いとな)むようになった。そのガソリンスタンドで彼が提供した料理が、フライドチキンであった。

彼のフライドチキンは人気となる。そこから、これまでの南部風のフライドチキンと差別化するため、「ケンタッキーフライドチキン」と「ケンタッキー」の名を自慢のメニューに冠(かん)したのである。

彼はその成功によって、ケンタッキー州知事から「ケンタッキー・カーネル（名誉大佐）」に任命される。

以後、彼は「カーネル・サンダース」とも呼ばれるようになり、山羊鬚(やぎひげ)を生やし、白のコート（当初は黒）をまとうようになったのだ。

⑭ウェストヴァージニア州
南北戦争下、ヴァージニア州から分離して成立

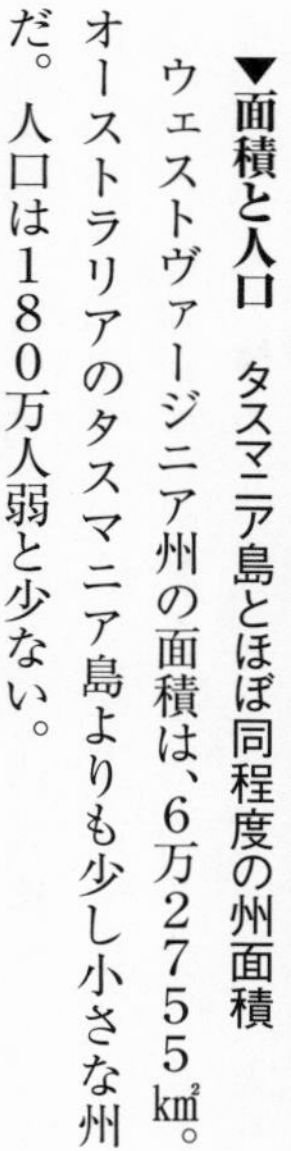

▼面積と人口　タスマニア島とほぼ同程度の州面積

ウェストヴァージニア州の面積は、６万２７５５㎢。オーストラリアのタスマニア島よりも少し小さな州だ。人口は１８０万人弱と少ない。

▼地勢と気候　山間部の多い内陸州

ウェストヴァージニア州は、その名のとおりヴァージニア州の西に位置する。アパラチア山脈の西にある内陸州である。山間部（さんかんぶ）が多い。

▼歴史　もともとヴァージニア州の一部だった

ウェストヴァージニア州は、もともとヴァージニア州であったが、ヴァージニア州から分離、独立して誕生した。それも、州民自らの意思での分離・独立だった。

▼政治風土　２０００年以降、共和党の勝利が続く

かつては民主党が強かったが、現在は共和党が優勢にある。２０００年以降、共

州都と主な都市

和党の連勝だ。石炭産業の州でもあり、トランプの石炭産業政策が支持された。

▼名産と名物　石炭と石油に依存しているが、産出量は少ない

石炭と石油に依存しているが、産出量は多くなく、結果、貧乏州になっている。農産物では、ゴールデンデリシャスアップルが有名。

●南北戦争のさなか、ウェストヴァージニア州は独立した

ウェストヴァージニア州の誕生は1863年。南北戦争のさなかである。分離・誕生の理由も、南北戦争と関わる。

南北戦争にあって、ヴァージニア州は奴隷制を容認する南部連合（アメリカ連合国）に加わった。州東部には、奴隷を必要とする農場が多かったからだ。けれども、同州の西部は奴隷制を容認しなかった。山がちで大規模農場を営めず、奴隷を必要としなかったからである。そこで、彼らは南部連合入りを拒否し、奴隷制を否定する合衆国連邦政府に踏みとどまろうとした。こうして、州西部はヴァージニア州から分離し、アメリカ35番目の州となったのだ。

南北戦争は、ウェストヴァージニア州分離のきっかけにすぎなかったという見方もある。州西部と州東部では、人種が異なっていたからだ。州東部に住んでいたの

は、ジェームズタウンを築いて以来のイングランド系住民である。一方、州西部に移住してきたのはアイルランド系移民。両者の仲は、険悪といっていい。

アイルランドは、当時、イギリスに支配され、1840年代にはジャガイモの不作による大飢饉（ききん）を体験していた。ロンドンの政府はさしたる救済を施さなかったから、アイルランドでは餓死（がし）者が続出、しかたなく新大陸に渡った者らもいた。彼らはイングランド系を憎悪（ぞうお）し、一方、イングランド系住民はアイルランド系移民を見下していた。両者の関係を見るなら、分離は必然だったかもしれない。

●貧しい州だが、治安はいい

ウェストヴァージニア州は、貧乏州である。同州の炭田（たんでん）や油田（ゆでん）は、強い競争力を持たない。頼みの石炭産業が低迷したため、全米でも個人所得に関しては下から数えたほうが早いほどだ。

一方で、ウェストヴァージニア州は、治安のいい州として知られる。そこから、「貧しいから盗むほどの物もないし、山岳地だから逃げ場もない」というジョークも生まれている。

なお『大地』の作者であるパール・バックは、同州の生まれである。

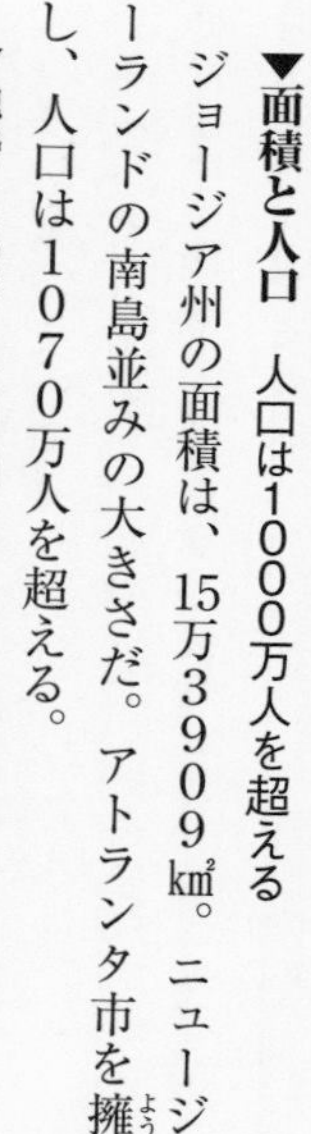

⑮ ジョージア州
南部における文化・経済の中心

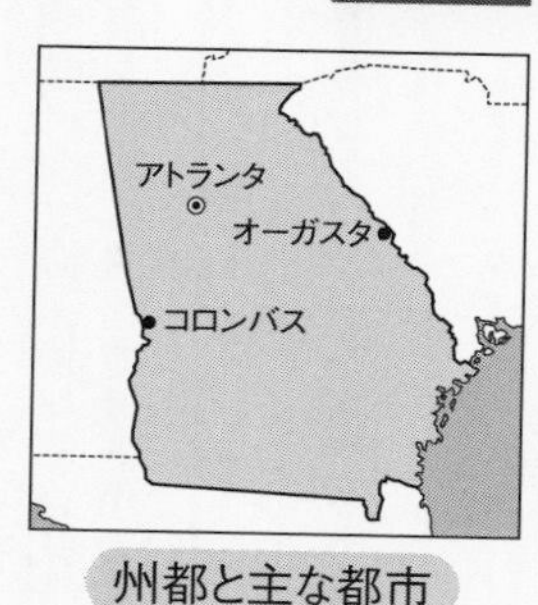

州都と主な都市

▼面積と人口　人口は1000万人を超える

ジョージア州の面積は、15万3909㎢。ニュージーランドの南島並みの大きさだ。アトランタ市を擁し、人口は1070万人を超える。

▼地勢と気候　建国13州の中で、最も南にある州

ジョージア州は、東海岸の南部に位置する。建国13州の中でも、最も南にある。日本の九州と同じ緯度にあり、温暖な気候である。南はフロリダ州だ。

▼歴史　南北戦争では、南部連合の中枢

建国13州の1州であるが、南北戦争では南部連合の中枢として戦っている。

▼政治風土　大都市では民主党優位だが、共和党優勢が続く

共和党が優勢にある。アトランタをはじめとする大都市では民主党が強いが、全体では共和党寄り。地方では、銃の保持に賛成する人が多い。

▼名産と名物　ゴルフで世界的に有名なオーガスタ

かつては農業が主力だったが、現在は金融、製造業、不動産業へとシフト。州中部の町オーガスタにある「オーガスタ・ナショナル・ゴルフクラブ」は、世界屈指の人気のゴルフ場。数十年の入会待ちだという。

ここで開催される「マスターズトーナメント」は、ゴルフのメジャー選手権の１つである。賞金ランキング上位者やメジャー優勝者などのマスター（名手）でないと、招待されない。日本人では、過去に松山英樹（まつやまひでき）が優勝している。

●コカ・コーラの本拠地アトランタ

ジョージア州最大の都市アトランタが、世界的に有名になったのは、１９９６年のオリンピック開催によってである。アメリカでは、セントルイス、ロサンゼルスに次ぐ開催地であり、南部では初めてのオリンピックとなった。北部に対して鬱屈（うっくつ）した思いのある南部人にとっては、実にうれしい出来事であった。

アトランタは、空の交通の要衝（ようしょう）である。アトランタのハーツフィールド・ジャクソン・アトランタ国際空港は、２０００年以降、乗客利用数が長く世界一を続けてきた。デルタ航空のハブ空港にもなっている。

アメリカ政府はアトランタを重視していて、ここにアメリカ疾病予防管理センター（ＣＤＣ）を置いている。ＣＤＣは、エボラウイルスをはじめとするバイオセーフティレベル４の疾病に対応できる世界屈指の施設である。天然痘ウイルスも保管し、世界中のバイオハザードに対応できるだけの能力を有する。

アトランタを代表する世界企業といえば、「ザ・コカ・コーラ・カンパニー」である。コカ・コーラといえば、合衆国文化を代表する飲料であり、世界を制した。その淵源は、アトランタにあった自然療法家の開発したフレンチ・ワイン・コカになる。ワイン、コカイン、コーラのエキスを混ぜた薬用酒であったが、その後、ワインに代えてシロップを用い、コカ・コーラとして売り出されるようになる。

コカ・コーラが天下を取ったのは、第二次世界大戦中である。大戦下、コカ・コーラは兵士や将官たちに配られ、彼らを慰め、発奮させたことで、またとない飲料として大人気を得たのだ。

アトランタは、ケーブルテレビ番組制作の一大聖地である。とりわけ、一世を風靡したメディアの仕掛け人テッド・ターナーの本拠であり、彼はここに、ＣＮＮを設置している。ＣＮＮは、世界初のニュース専門の24時間チャンネルだ。

また、アトランタにはＭＬＢ、ＮＦＬ、ＮＢＡのチームがある。なかでも、日本人に比較的有名なのは、MLBのブレーブスだろう。1991年から2005年まで地区優勝を連続で勝ち取った名門だ。かつてはハンク・アーロンも在籍し、ここでベーブ・ルースの記録を破る715本目のホームランを記録している。

●南北戦争で敗れた焼け野原をカーターが再興した

アトランタは、『風とともに去りぬ』の舞台となった町でもある。『風とともに去りぬ』は、アトランタ生まれのマーガレット・ミッチェルの小説であり、映画化され、世界的に大ヒットとなった。

『風とともに去りぬ』は、南北戦争を描いた小説、映画である。南北戦争では、ジョージア州は、南部連合（アメリカ連合国）に回っている。当時、南部の主力生産物は、綿花やタバコである。綿花やタバコの大農園（プランテーション）には多くの労働力が不可欠であり、黒人奴隷を使うことで、南部経済の繁栄につながった。南部の中心であるジョージア州は、迷うことなく南部連合の1つの中枢となった。

だが、南北戦争では、南部連合は敗れ去る。北軍は南部連合の街を容赦（ようしゃ）なく焼き払い、アトランタの街もシャーマン将軍率いる北軍によって、灰燼（かいじん）に帰（き）した。

以後、ジョージア州は遅れた農業州となるかに見えたが、その後、アトランタを中心に再興する。再興に大きな力となったのが、ジミー・カーターである。ジョージア出身のカーターは、ピーナッツ農場の経営者であった。

彼は１９７１年にジョージア州知事となり、まずは人種差別主義を抑え込む。その実績を梃にして、カーターは１９７７年に合衆国大統領となった。ジョージア州初の大統領でもあれば、初の州知事出身の大統領であった。彼の登場によって、ロナルド・レーガンをはじめ州知事が大統領の座を射止める道が拓かれたのだ。

大統領となったカーターは、外交・国政ではさしたる業績をあげられなかった。合衆国の威信は低下したが、州知事、大統領としてカーターの尽力によって、ジョージア州は農業から金融や製造業への転換に成功したのである。特にカーターの穏健な人種政策によって、北部から白人エリートたちが流入するようになったことが大きかった。

また、南北戦争に敗れたとはいえ、ジョージア州をはじめ南部の民は、南部連合にいまだ誇りを持っている。アトランタ郊外にある巨大な岩山の絶壁には、南部連合を支えた３人の巨大な像が彫られている。南部連合のジェファソン・デーヴィス大統領、南部随一の名将ロバート・リー、その腹心ストーンウォール・ジャクソンの３人である。

●悲惨なインディアン迫害が生んだ「涙の道」

ジョージア州で長く迫害にあったのは黒人たちだが、同時にインディアンたちも悲惨な目に遭(あ)ってきた。この地域にいたインディアンは、チェロキー族だ。

チェロキー族は、白人文明を見て、進化をはじめた一派でもある。彼らは独自の評議会をつくり、選挙システムを採(と)り入れた。いわば「チェロキー共和国」を形成していたのだが、白人たちは彼らとの共生を選ばなかった。1828年、「チェロキー共和国」内のダロネーガに金鉱(きんこう)が見つかったからだ。合衆国政府は、金に目が眩(くら)んだ。

いったんは連邦最高裁判所からチェロキー国家の土地所有権利は正当であると認められながらも、アンドリュー・ジャクソン大統領は「インディアン強制移住法」を制定した。そうしてチェロキー族をはじめとするインディアンは、ミシシッピ川の西方に強制移住させられることになったのだ。

チェロキー族は西のオクラホマへと移住を余儀なくされ、白人の軍隊に追い立てられた。旅の途中、飢えや病気によって、多くのインディアンが倒れ、彼らの移動の道は「涙の道」と呼ばれている。そのオクラホマも、彼らの安住の土地とはならなかった。

⑯ サウスカロライナ州
長い経済的低迷から復活を目指す

州都と主な都市

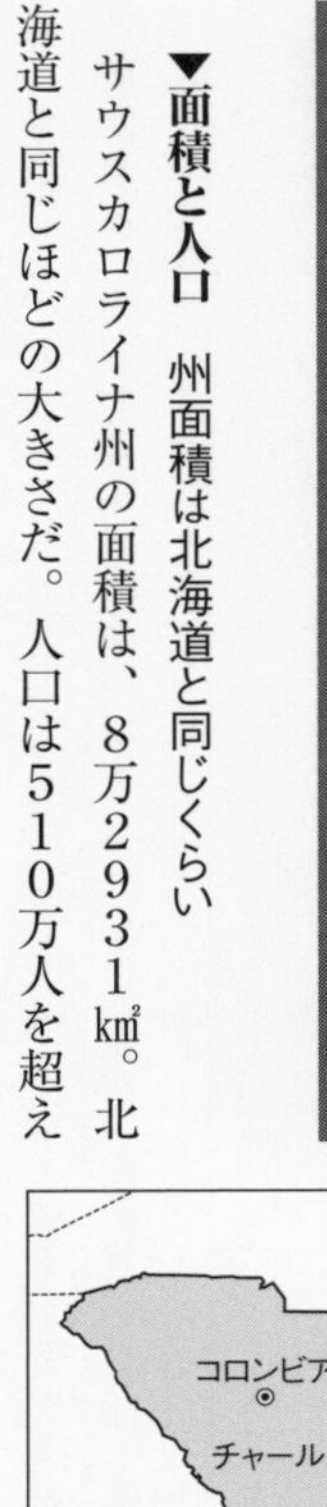

▼面積と人口　州面積は北海道と同じくらい

サウスカロライナ州の面積は、８万２９３１㎢。北海道と同じほどの大きさだ。人口は５１０万人を超えている。

▼地勢と気候　瀬戸内・四国並みの緯度で温暖な気候

サウスカロライナ州は、東海岸の南部に位置する。南西では、ジョージア州と接する。北緯32度から35度の位置にあり、瀬戸内や四国と同じくらいの緯度にある。温暖な気候に恵まれている。

▼歴史　南北戦争では南部連合の強硬派だった

サウスカロライナ州は、建国13州の１つであり、８番目に連邦政府に加入した。けれども、南北戦争では南部連合に加わっている。南部の強硬派であり、最初に合衆国から離脱した。

▼政治風土　共和党の安定地盤
保守的な気質のため、共和党の安定した地盤となっている。
▼名産と名物　温暖な気候に恵まれ、タバコ、畜産がさかん
アメリカで最初にコメの生産がはじまった州でもあるが、現在はタバコ、畜産がさかん。

●南北戦争以前まで繁栄していた港町チャールストン

サウスカロライナ州は、19世紀の南北戦争が起こるまで、合衆国で最も繁栄した州の1つであった。それを象徴するのが、港町チャールストンである。チャールストンは、現在、人口15万人程度の都市だが、19世紀前半までは貿易港として栄え、北部のボストンやニューヨーク、フィラデルフィアと肩を並べた。

南部独得の文化もこの地に育っていた。この町で、アメリカ初のゴルフが行なわれ、早くにオペラも上演されている。今なお、チャールストンにはかつての豪壮(ごうそう)な建築群が残り、往時を偲(しの)ばせる。チャールストンは、もとは「チャールズ・タウン」といい、イングランド王チャールズ2世が認めた植民地だ。これが変化して、チャールストンの呼び名で定着した。

チャールストンが衰退に向かうのは、南北戦争がきっかけだ。実はサウスカロライナ州は南北戦争では、連邦政府離脱の最強硬派であった。サウスカロライナ州の経済も、他の南部諸州同様、黒人奴隷の労働を前提とするプランテーションで成り立っていたからだ。特に、チャールストンの繁栄は、奴隷貿易の富によっても支えられていた。

「インディアン強制移住法」を制定したことで悪名高いアンドリュー・ジャクソン大統領は、サウスカロライナ州の出身ともノースカロライナ州の出自ともいわれる。彼は、民主主義政策にも熱心であったが、「黒人は私有財産である」と断言している。いかにリベラルを志向しようと、南部人にとって黒人の自由はありえないものだった。強硬なサウスカロライナ州は、南北戦争時、早くに合衆国から脱退した州となっていたのだ。

南北戦争の火(ひ)ぶたも、サウスカロライナ州で切られる。チャールストン湾には、合衆国駐屯(ちゅうとん)軍のあるサムター要塞(ようさい)があった。南軍がこのサムター要塞を攻撃したことで、南北戦争がはじまったのだ。

南北戦争では南軍は敗北し、サウスカロライナ州は北軍によって徹底的に蹂躙(じゅうりん)された。チャールストンは破壊こそ免(まぬか)れたものの、その経済繁栄の時代に終止符を打つ。以後、サウスカロライナ州の停滞がはじまる。

南北戦争後、チャールストンにさらなる打撃となったのが、1886年の大地震である。マグニチュード7・5の地震によって、多くの建物が倒壊した。アメリカ東海岸はそれほど地震の起きる地帯ではないが、チャールストンは例外で、1886年の大地震はアメリカ東海岸最大の地震となっている。

●州都コロンビアを中心に興隆を取り戻しつつある

ひところまで低迷を続けたサウスカロライナ州だが、近年は盛り返しを見せている。中でも、州都コロンビアはサンドベルトの一角にあり、商工業が育ち、外国資本の進出もさかんだ。

サンドベルトとは、合衆国南部、北緯37度線以南の東西のラインである。ここには、サウスカロライナ州をはじめ、ジョージア州、ルイジアナ州、テキサス州などの有力州がある。

サンドベルトは、もとはその温暖な気候を活かした農業がさかんだったが、近年は外資を導入し、先端技術産業も育っている。コロンビアもその一員になっている。

一方、一度は凋落（ちょうらく）したチャールストンだが、観光の町として復活を目指している。

チャールストンには、古い建築物のみならず、負の遺産が多くあり、これが売りにもなっているのだ。

例えばチャールストンには、旧奴隷市場博物館がある。これは、実際に奴隷市場として使われていた建物で、現在ここには、奴隷交易の資料が展示されており、奴隷貿易の実態を今に伝えている。

チャールストンの名は、日本人の中でも実は有名である。『５匹の子豚とチャールストン』という歌は、日本でも知られる。原題は「シミー・シェイク」というが、５匹の子豚たちが踊るのは、チャールストンである。

ここでいうチャールストンは、チャールストン発祥（はっしょう）のダンスの一種である。１９２０年代、チャールストンの黒人たちから生まれた独得のダンスだ。両膝（りょうひざ）をつけたまま、リズムに合わせて、足を交互に蹴（け）り上げるという、一種ひょうげたダンスである。アメリカに渡った黒人のつくった１つの文化なのだが、１９２０年代、全米の白人にも流行したほどだ。

また、作曲家のジョージ・ガーシュインは、オール黒人キャストのオペラ『ポーギーとベス』を作曲するにあたって、チャールストン付近の民謡（みんよう）を採譜（さいふ）したといわれる。チャールストンには、アフリカ系の文化が花開いていたのだ。

⑰ノースカロライナ州
シャーロットは全米第2の金融都市

州都と主な都市

▼面積と人口　ギリシャよりも大きな州

ノースカロライナ州の面積は、13万9390㎢。ギリシャよりも大きな州である。人口は、1070万人程度。

▼地勢と気候　東西に長く延びた、温暖な地

東海岸の南部に位置し、北はヴァージニア州、南はサウスカロライナ州となる。東西に長く延び、西はアパラチア山脈に至る。北緯35度線沿いにあり、瀬戸内あたりと同じく温暖である。

▼歴史　建国13州中12番目に加盟した州

ノースカロライナ州は、最初の建国13州の1州で、12番目に加盟した伝統州だ。同州は、サウスカロライナ州と分かれて生まれている。もとは2州合わせてカロライナといい、イングランド国王チャールズ1世の勅許(ちょっきょ)を得た植民地である。カロラ

イナの名は、チャールズのラテン語読み「カロルス」に由来する。

▼政治風土　近年、共和党の勝利が多いが、激戦州激戦州である。近年は共和党の勝利が多いが、帰趨（きすう）を読みにくい。民主党のオバマは、第1期には勝利しているが、2016年、2020年は共和党のトランプが勝っている。

▼名産と名物　バイオテクノロジーや金融で発展

農業がさかんだが、バイオテクノロジーや金融などの先端系産業も発達している。

●ゴールドラッシュを経て、名門巨大銀行を輩出

ノースカロライナ州は、サウスカロライナ州と比べて洗練度が高い。ディープサウスのサウスカロライナ州に対して、アッパーサウスにあるから、南部のディープ色がやや薄い。しかもノースカロライナ州は、サウスカロライナ州ほどプランテーションに依存していなかった。ゆえに、産業の転換も早かったのである。

ノースカロライナ州の洗練を代表する都市の1つが、シャーロットである。シャーロットの人口はおよそ90万人弱。かつては綿織物産業で栄えたが、今はニューヨークに次ぐ全米第2の金融都市にまで成長している。

シャーロットを金融都市として成長させたのは、「バンク・オブ・アメリカ」である。バンク・オブ・アメリカは株式時価総額で全米随一(ずいいち)の銀行にもなったが、合併・買収を重ねて成長した。そのルーツの1つが、地方銀行であった「ノースカロライナ・ナョシナル・バンク」だ。

ノースカロライナ・ナショナル・バンクの主導のもと、同行はネイションズバンクを名乗ったのち、バンク・オブ・アメリカに変身した。シャーロットに本社を置くバンク・オブ・アメリカは、名門企業「メリル・リンチ」を吸収するほどの成長を見せ、シャーロットの金融を引っ張っていったのだ。

それ以前、シャーロットの金融都市としての素地をつくったのは、この地へのゴールドラッシュがあった。1799年、シャーロットの北方で、アメリカ初の金鉱が発見されると、以後、アメリカ初のゴールドラッシュがはじまる。そこから造幣(ぞうへい)局の支局がシャーロットに造られ、シャーロットの金融的な経済繁栄がはじまっていたのだ。

●アメリカ南部の星・デューク大学

南部の中でも経済力のあるノースカロライナ州には、デューク大学という全米でもトップクラスの大学がある。南部に位置するため、アメリカ東部の名門大学群「アイビーリーグ」の仲間にはなれないものの、マサチューセッツ工科大学（ＭＩＴ）とともに「アイビープラス」の一員である。一般にアメリカの南部には、そう飛び抜けた大学はない。その南部にあって、デューク大学は抜きんでた大学であり、ＯＢには第37代大統領リチャード・ニクソンがいる。

●世界最大級の軍事施設「フォート・リバティ」

ノースカロライナ州には、アメリカ陸軍の拠点がある。「フォート・リバティ」基地であり、６５０㎢の敷地に、５万人以上の職員が勤務している。職員の稼働人数からすれば、世界最大の軍事基地となる。

フォート・リバティには、アメリカ軍の第18空挺師団の司令部やアメリカ陸軍特殊作戦コマンドがある。この地は、年間を通じて気候に恵まれているうえ、水も豊かだし、交通の便もよく、最大級の陸軍基地となったのだ。

フォート・リバティ基地は、かつては「フォート・ブラッグ」基地と呼ばれていたが、２０１３年に現在の名に代わっている。「ブラッグ」が南北戦争で人種差別を行なっていた南軍のブラッグ将軍に由来し、これを忌避（きひ）したのだ。

⑱ テネシー州
カントリー音楽の総本山にして黒人音楽の聖地

州都と主な都市

▼面積と人口　州面積はキューバに迫る

テネシー州の面積は、10万9247㎢。キューバに迫る大きさの州である。人口は、705万人になる。

▼地勢と気候　関東と同じ緯度にある内陸州

テネシー州は、アメリカ中南部にある内陸州の1つだ。州西部は、テネシー川とミシシッピ川に挟まれ、肥沃(ひよく)な農業地帯である。テネシー州は、南部州の1つなのだが、北緯35～36度にあり、日本の関東とさほど変わらない。北はおもにケンタッキー州、東はノースカロライナ州と接しているから、建国13州にも近い位置だ。

▼歴史　建国13州以外で早くに合衆国に加盟した

テネシー州は建国13州と接しているため、連邦加盟は早く、1796年に合衆国16番目の州となっている。最初の建国13州の系譜(けいふ)にない州の中では、早い州の1つである。

▼政治風土　共和党が優勢

かつて民主党のビル・クリントンが勝利した時代もあったが、近年では共和党が優勢にある。

▼名産と名物　全米一の入場者数を誇るグレート・スモーキー山脈公園

州の東部のグレート・スモーキー山脈公園は、アメリカで最も入場者数の多い公園であり、多くのアメリカ人に親しまれている。

『テネシーワルツ』の故郷でもある。『テネシーワルツ』は、日米戦争後、合衆国でヒットした。日本でもヒットし、テネシー州では州歌の1つだ。

テネシー州は、テネシー・ウイスキーの産地でもある。テネシー州の北のケンタッキー州がバーボン・ウイスキーで売っているのに対して、テネシー州も向こうを張っているのだ。

テネシー州南部の小さな村リンチバーグには、『ジャック・ダニエル』の蒸留所（じょうりゅうじょ）がある。

●音楽の街ナッシュビルと物流拠点メンフィス

テネシー人の好きな音楽は、『テネシーワルツ』にとどまらない。テネシー州は「音楽の州」といってもいいくらい、さまざまな音楽に溢れている。それを象徴するのが、州都ナッシュビルと西部の中心都市メンフィスだ。

ナッシュビルは、アメリカのカントリー・ミュージックの総本山のようにいわれる。カントリー・ミュージックとは、アメリカ南部で成立した楽曲スタイルであり、アメリカ人の魂の歌ともいえる。

ナッシュビルがカントリー・ミュージックを牽引していくのは1950年代からだが、とくに1950年代後半につくられたサウンドは「ナッシュビル・サウンド」と呼ばれる。

ナッシュビルには、レコード会社をはじめとした音楽産業が集まり、1960年以降、ニューヨークに次ぐ音楽産業の都市にまで成長し、アメリカ南部の音楽を全米、さらに世界に知らしめた。

『テネシーワルツ』もナッシュビルと無関係でなく、ナッシュビルに向かうバンドがクルマで移動しているときに着想を得ている。彼らは、カーラジオから流れてきた『ケンタッキーワルツ』という楽曲に刺激を受けたのだ。

一方、メンフィスはといえば、ソウルやブルース、ゴスペル、ロックンロールなどの発祥地でもあれば、発展の地でもある。特に、ブルースにかけては聖地扱いもされる。

●貨物の取扱量世界第2位のメンフィス空港

テネシー州のナッシュビルとメンフィスは、たんなる音楽の町ではない。近代都市としても魅力を放っている。

州都ナッシュビルは州の商工業の中心でもあり、教育の中心でもある。ナッシュビルで名高いのは、ヴァンダービルト大学である。大実業家コーネリアス・ヴァンダービルトの寄付によって創立し、彼の名を顕彰（けんしょう）した大学だ。「南のハーバード大学」といわれるほどの難関大学であり、7人のノーベル賞受賞者を輩出（はいしゅつ）している。ノーベル平和賞を受賞したアル・ゴア元副大統領は、同州の出身であり、ここのロースクール中退者だ。

一方のメンフィスは、物流の拠点でもある。かつてはミシシッピ川を活用しての綿花の積み出し港であり、現在は世界最大の物流サービス会社である「フェデックス」の本拠でもある。

フェデックスの貨物航空部門子会社「フェデックス・エクスプレス」もまた、世界最大の貨物輸送航空会社だ。フェデックス・エクスプレスの拠点となっているのは、メンフィス国際空港だ。おかげで、メンフィス空港は貨物の取扱量では世界最大級の空港の1つである。

●KKKが生まれ、キング牧師暗殺が起きた西部

テネシー州は、東西に長い州である。そのため、州の東西では産業も違えば、考え方も異なる傾向にある。

州の東部はアパラチア山脈に近く、大規模な農場の経営は難しい。一方、テネシー川とミシシッピ川に挟まれた州西部は肥沃なため、農業デルタ地帯となっている。そのため、綿花プランテーションが発達し、州西部の経済を発展させることができた。プランテーション運営のためには、多くの黒人奴隷が州西部に集められ、メンフィスには奴隷市場があった。これによりテネシー州は、南部的な性格を持つようにもなった。

19世紀半ば、南北戦争の局面になると、テネシー州は東西に割れる。州東部は奴隷解放の北軍側に立ち、州西部は奴隷容認の南軍側に立って戦うことになってしまったのだ。

州西部では黒人奴隷を多く引き込んだため、メンフィスでは、現在、人口の6割

以上がアフリカ系の黒人である。州西部では南北戦争後、人種差別、人種対立が深刻化もしている。悪名高いKKK（クー・クラックス・クラン）が生まれたのも、テネシー州南部中央に位置するプラスキという小さな町からである。

KKKが生まれたのは、南北戦争のはじまった1865年である。KKKの一団は、頭からすっぽりと白い頭巾（ずきん）をかぶり、白人文化を守る名目のもと、黒人たちにリンチを加えた。彼らはいったん消滅するが、第一次世界大戦中に同じ南部のジョージア州アトランタで復活している。

メンフィスでの黒人差別は、同地での黒人牧師マーティン・ルーサー・キング暗殺にもつながっている。1968年、公民権運動の旗頭キング牧師がこの町で人種差別反対の運動を展開するさなか、悲劇は起きている。

テネシー州の生んだ、日本に関係の深い人物といえば、コーデル・ハルだ。日米戦争前夜、フランクリン・D・ローズヴェルト大統領時代の国務長官であり、日本に「ハル・ノート」を突きつけたことで知られる。

このハル・ノートは、実質、日本に対する最後通牒（つうちょう）に等しかった。日本はハル・ノートの要求を受け入れるのを拒（こば）み、対アメリカ戦争を決意し、結果的にアメリカに完全に屈してしまった。

⑲ルイジアナ州
ラテンの文化が残る保守の地

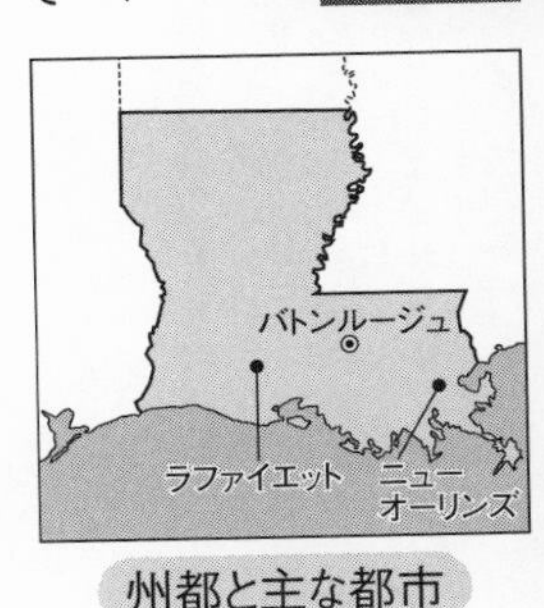

州都と主な都市

▼面積と人口　ギリシャを上回る州面積

ルイアジナ州の面積は、13万5382㎢。ギリシャや北朝鮮よりも大きい州だ。人口は460万人程度であり、合衆国では中位である。

▼地勢と気候　メキシコ湾流の影響で高温多湿

ルイジアナ州は、メキシコ湾に面した合衆国南部の州である。ミシシッピ川の下流から河口(かこう)に発達し、南部は暖流であるメキシコ湾流の影響で高温多湿である。

▼歴史　合衆国がフランスから買い取った

ルイジアアナをもともと植民地化していたのは、フランスである。また、スペイン人も入植していて、フランス人と争ってきた。フランスはナポレオンの時代に合衆国に、同地を売却している。州の西部はスペインの土地であったが、これまた合衆国が買い取っている。フランスの大ルイジアナ植民地は、実はルイジアナ州よりもずっと広大で、ミシシッピ川の流域の多くがそうなっていた。今のルイジアナ州は、旧「大ルイジアナ植民地」のほんの一部にすぎない。

▼政治風土　カトリックの影響が強く、共和党が優勢

近年は共和党が優勢だが、民主党のビル・クリントンが勝利したこともある。フランスの植民地だったため、カトリックの影響が強く、厳格な妊娠中絶禁止法がある。1987年まで聖書の「天地創造」の教育が義務づけられていた。基本的に保守的な風土である。

▼名産と名物　「タバスコ」はルイジアナが発祥

石油、天然ガスの産地である。名産はザリガニだが、州での漁獲は需要に追いつかないほどだ。ザリガニのずば抜けた消費地でもあり、世界のザリガニの95％は、ルイジアナ人の胃袋に収まっている。

有名な香辛料「タバスコ」は、メキシコ産と思われがちだが、実は同州のラファイエットの名産である。ニューオーリンズで毎年、開催される「マルディグラ（肥沃な火曜日）」は、ブラジルのリオデジャネイロのカーニヴァルなどと並ぶ、世界の大カーニヴァルの1つとして知られる。「マルディグラ」は、カトリックの行事である。

「クレオール文化」を今に伝えるケイジャン料理

ルイジアナ州最大の都市ニューオーリンズは、ミシシッピ川の河口に位置し、合衆国の中でも独得の文化を誇る地である。東海岸の文化とは異なる、独自の「クレオール文化」を維持しているからだ。クレオールとは、先住のフランス人やスペイン人らラテン系の末裔(まつえい)たちの文化だ。

もともとルイジアナに植民地を築いたのは、フランス人やスペイン人らである。「ルイジアナ」という地名も、フランスブルボン王家のルイ14世に由来している。ニューオーリンズは、フランス人がミシシッピ川上流地域に植民地を築く拠点であり、彼らの文化が栄えていたのだ。

ルイジアナが合衆国に売却されるのは、1803年のことだ。フランスのナポレオンは新大陸に世界帝国をつくる夢を抱いていたと思われるが、ハイチの独立運動に足をすくわれる。

彼は新大陸経営を断念、安い値段で合衆国に売り払った。以後、イングランド系のアメリカ人も移住をはじめたが、フランスやスペインのクレオール文化が根強く残ったのだ。

そのクレオール文化を今に残すのが、クレオール料理やケイジャン料理だ。ケイジャンとは、カナダ南東部のアケイディアナに移住していたフランス人たちの呼び名だ。

彼らはアケイデアンと呼ばれていたが、イギリスに追い払われ、フランス領だったルイジアナに逃れてきた。彼らの名がなまって、ケイジャンと呼ばれるようになったのだ。

有名なジャンバラヤは、クレオール、ケイジャンに共通する人気料理だ。肉と野菜に香辛料を加えた炊き込みご飯のようなものだ。

●ニューオリンズ・ジャズが生まれた地

ニューオーリンズは、ジャズの生まれた町でもある。その発祥（はっしょう）は19世紀末のことで、黒人音楽の影響が強い。

合衆国がルイジアナ州を買い取ってのち、アメリカ人たちは黒人奴隷を引き連れて移住し、大規模な農場を運営した。黒人たちはこの地で根付き、ジャズを生み出していたのだ。

ニューオーリンズは、作家テネシー・ウィリアムズの戯曲『欲望という名の電車』の舞台でもある。

⑳アーカンソー州
温泉街を擁し、クリントン大統領を輩出

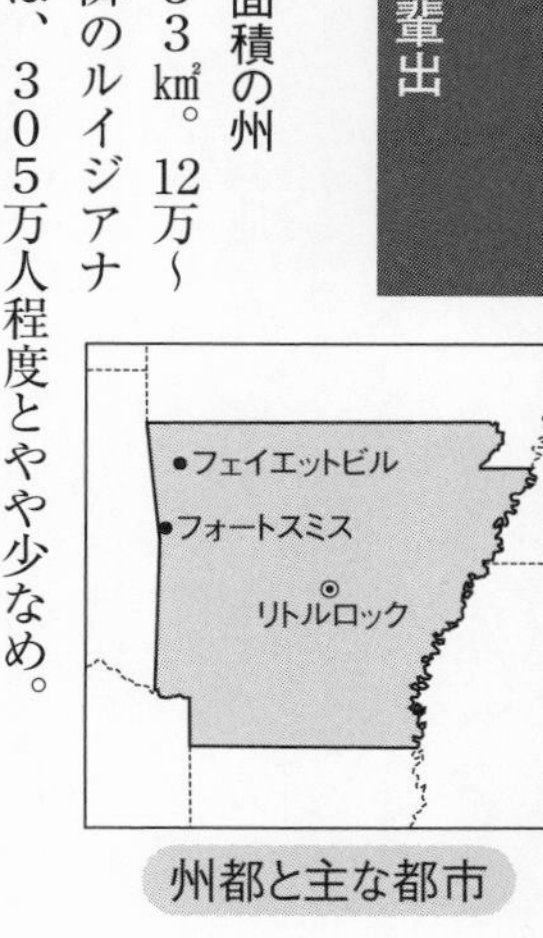

州都と主な都市

▼面積と人口　アメリカ南部の標準的な面積の州

アーカンソー州の面積は、13万7733㎢。12万〜13万㎢の州は、アメリカ南部に多く、隣のルイジアナ州、ミシシッピ州などもそうだ。人口は、305万人程度とやや少なめ。

▼地勢と気候　肥沃なデルタ地帯を持つ南部の内陸州

合衆国南部に位置する内陸州。州の中央を東西にアーカンザス川が流れ、州の東を流れるミシシッピ川はミシシッピ州との州境になっている。西部は丘陵(きゅうりょう)地帯、東部はデルタ地帯となっている。州都リトルロックは、夏は暑く、冬は寒い。

▼歴史　もとはフランスの大ルイジアナ植民地の一部

もともとは、フランスの広大な大ルイジアナ植民地の一部だった。スペイン人が所有していたこともあったが、19世紀初頭、合衆国に売却された。

▼政治風土　ビル・クリントンを生んだ州だが、共和党優勢

南部の諸州同様、共和党が優位にある。アーカンソー州は民主党のビル・クリントン大統領の故郷であり、彼の時代は民主党が勝利している。ただし、妻ヒラリー・クリントンは共和党のトランプに敗れている。

▼名産と名物　「アメリカの温泉街」ホットスプリングス

アーカンソー州中央部には、合衆国で最も古い国立公園「ホットスプリングス国立公園」がある。園内には47もの鉱泉（こうせん）があり、温泉を飲むことで薬効（やっこう）があるという。全米屈指の温泉場だが、日本のようにすっ裸で楽しむわけではない。

ミシシッピ川流域では、米の栽培がさかん。水晶（すいしょう）の産地でもある。

●貧困州脱却を目論み観光に力を入れる

アーカンソー州は、現在は地味な貧困州である。けれども、かつては豊かな州であった。19世紀初頭、合衆国がフランスからこの地を買い取るや、白人が流入、綿花のプランテーション経営を大々的に行なったからだ。

もちろん、それは黒人奴隷を酷使（こくし）することによって成り立っていたのが、南北戦争がすべてを変える。奴隷なしでは経済の成り立たないアーカンソー州は、南部連合（アメリカ連合国）の一員として戦っていたのだが、敗れ去る。

以後、大規模プランテーションは廃れ、アーカンソー州では産業の転換に遅れた。このため、しだいに貧しい州になっていったのだ。現在は、観光に力を入れ、貧困州からの脱却を図っている。

同州には人種差別が根強く残り、1957年には暴動寸前の事件が発生している。州の教育委員会はリトルロック・ハイスクールに初めて黒人生徒の受け入れを認めたが、州知事がこれに反対、州兵を動員して、黒人の通学を妨害に出た。これを危惧したアイゼンハワー大統領は落下傘部隊を投入し、黒人生徒の安全を守っている。そんな知事でも、州内では支持されていたのだ。

●スーパーマーケット「ウォルマート」発祥の地

アーカンソー州で生まれた大企業といえば、流通大手の「ウォルマート」である。北西部にあるベントンビルには、ウォルマートの本社が立っている。ウォルマートはベントンビルに恩恵をもたらしているが、さすがに州全体までは潤さない。

アーカンソー出身の有名人は、ビル・クリントン大統領以外に、マッカーサー元帥がいる。いったんは日本軍に敗れたが、その後、アメリカによる日本の占領統治時代のトップとなっている。

㉑ ミシシッピ州
南北戦争敗北からいまだ抜け出せない貧困州

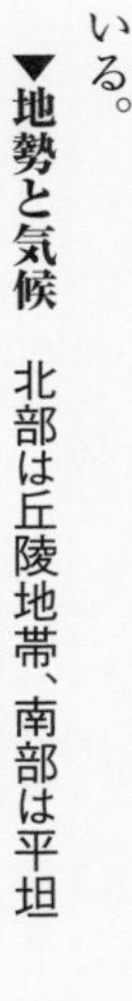

▼面積と人口　日本のほぼ3分の1の面積

ミシシッピ州の面積は、12万5443㎢。日本のほぼ3分の1の面積である。人口は300万人を切っている。

▼地勢と気候　北部は丘陵地帯、南部は平坦

メキシコ湾に面した、合衆国南部の州の1つ。ミシシッピ川下流の東側に位置し、北部は丘陵地帯、南部は平坦である。温暖なメキシコ湾流の影響を受け、高温多湿である。

▼歴史　もとは東のアラバマ州と1つだった

ミシシッピ州は、もとはフランスの植民地だったが、1763年にイングランドに譲渡され、ミシシッピ準州となった。その後、ミシシッピ準州は、東西2つの州に分かれる。西半分がミシシッピ州となり、東半分がアラバマ州となった。合衆国

州都と主な都市

20番目の州である。南北戦争では、南軍側で戦っている。

▼**政治風土**　1984年以降、共和党が優勢

保守的な風土であり、共和党が優位にある。1984年、レーガンが勝利してのち、共和党が連勝している。

▼**名物と名産**　「綿花の王国」で、ナマズの養殖は全米一

綿花や大豆などの農業が主要産業となっている。「綿花の王国」といわれたこともある。ミシシッピ川のデルタ地帯では、ナマズの養殖業がさかんだ。ナマズの生産では全米一。

●根深い黒人差別から暴動にまで発展

現在ミシシッピ州はアメリカでも最下位か、それに近いところにある貧困州である。理由は、他の南部諸州同様、南北戦争敗北の痛手から抜け出せないからだ。

南北戦争以前、ミシシッピ州は、綿花のプランテーション経営で繁栄を遂げていた。ミシシッピ川の下流地域は肥沃(ひよく)な黒土地帯であり、暖かい気候も手伝って、綿花の栽培に適していた。

プランテーション運営のために、多くの黒人奴隷が集められてもいた。一時は、

州人口の半分が奴隷であった。

ミシシッピ州は、奴隷を容認する奴隷州であり、南北戦争では南部連合（アメリカ連合国）の有力州であった。州内は激戦地となり、港湾都市ビックスバーグの攻囲戦は1年以上も続き、大激戦となった。ゆえに、戦後は荒れ果て、復興も容易には進まなかった。

さらに、州民の意識も変化しないままであった。州旗自体、今なお一部に南軍旗を採り入れているくらいだ。産業の転換を図ることもなく、じり貧が続き、貧乏州に低迷してしまったのである。

州民の意識変化がいかに難しかったかは、黒人への差別意識の根深さに表れている。黒人が奴隷の身から解放されても、州の白人たちは黒人を見下し、支配しようとしたのである。

そこから起きたのが、ミシシッピ大学での黒人入学拒否事件である。ミシシッピ大学は、南北戦争以前に開学し、長く黒人の入学を認めなかった。けれども、1962年、黒人の青年ジェームズ・メレディスの入学を認める。これに反発したのは、白人の住民らだ。メレディスの初登校時、護衛の連邦軍と白人たちが激突、死者2人、重軽傷者227人を出す事態ともなった。

㉒ アラバマ州
黒人公民権運動がはじまった地

▼**面積と人口**　アーカンソー州と同程度の大きさ

アラバマ州の面積は、13万5765㎢。同じ南部のアーカンソー州やルイジアナ州などと同じくらいの広さだ。人口は、508万人程度である。

▼**地勢と気候**　平坦な土地が多く温暖な南部州

アメリカ南部の1州であり、南側のほんの一部がメキシコ湾に面している。州の中央をアラバマ川が流れ、州の北部にはテネシー川が流れている。おおむね平坦な土地であり、温暖な気候もあって、綿花、ピーナッツの栽培に適している。

▼**歴史**　南北戦争では、南部連合の主要州

もとはフランスの植民地だったが、その後、イングランドに割譲(かつじょう)された。合衆国ではミシシッピ準州となったのち、その東半分がアラバマ州となった。西半分は、ミシシッピ州である。合衆国22番目の州である。南北戦争では、南部連合（アメリ

州都と主な都市

カ連合国）の主要州となっている。

▼政治風土　共和党が盤石の地位にある

保守的な風土であり、共和党の岩盤州となっている。ただ、近年は都市部で民主党支持者も増えている。

▼名産と名所　アメリカの初期の宇宙開発を担ったハンツビル

綿花、ピーナッツの栽培が主要産業の1つ。州の北部の都市ハンツビルには、マーシャル宇宙飛行センターがあり、アメリカの初期の宇宙開発において、中心を担った。

●南部を象徴する州ではじまった、黒人差別の抗議運動

アラバマ州は、「ハート・オブ・ディクシー」という名でよく呼ばれる。「南部の心臓・中心」という意味だ。この言葉が示唆（しさ）するように、アラバマ州は、南部人の歴史と気質を象徴するような州なのだ。

アラバマ州はかつて、黒人奴隷を数多く投入した綿花プランテーションで繁栄した。けれども、南北戦争での敗北によって、州内は蹂躙（じゅうりん）される。かつてのような農場経営は成り立たなくなり、州の経済は低迷していく。

その一方、南部人、白人としてのプライドのみは強烈に残った。アラバマ州でも、奴隷解放ののちも、黒人蔑視(べっし)、差別は根強く残り続けた。州の中北部のバーミングハムは、合衆国で最悪の人種差別都市と名指しされた。

けれども、時代が人種差別を変えていった。それは、アラバマ州の1人の黒人女性の抵抗からはじまった。1955年、州都モントゴメリーでは、デパート勤めを終えた黒人女性ローザ・パークスが、バスの座席に座っていた。その後、白人たちが乗車してくると、バスの運転手は黒人たちに対して座席から立つよう命じた。白人たちを座らせるためであり、当時、これは南部のごく当たり前の風景であった。このとき、ほかの黒人客は立ったのだが、ローザのみは座ったままだった。

彼女は逮捕され、警察署に連行された。これで事件は終わりかと思われたが、このときは違った。黒人たちが抗議運動をはじめたのだ。その指導者となったのが、マーティン・ルーサー・キング牧師である。彼はたまたまモントゴメリーの街に住んでいて、事件が未来を変えるのではないかと直感したのだ。

以後、キングを中心に公民権運動は盛り上がる。黒人たちの抗議闘争は1年以上も続き、最高裁から交通機関での差別待遇は憲法違反という判決を勝ち得ている。黒人たちによる革命は、アラバマ州から起きていたのだ。

㉓フロリダ州
世界屈指の観光・リゾート地

▼**面積と人口**　全米で第3の人口を誇る

フロリダ州の面積は、17万305km²。これは、南米のウルグアイよりもやや小さい程度の広さである。人口は2200万人を超え、全米で3番目の人口を誇っている。

▼**地勢と気候**　鹿児島、沖縄周辺と同じ緯度

東海岸の南端部、東南に突き出したフロリダ半島に位置する。北緯24度から31度に位置し、鹿児島県から沖縄県周辺と同じ緯度にある。南部は熱帯気候、北部は亜熱帯気候だ。半島の南端は、フロリダ海峡を隔て(へだ)て、キューバと対している。その距離はおよそ200kmしかない。

▼**歴史**　もとはスペインの植民地だった

もとは、すぐ南のキューバとともに、スペインの植民地であり、キューバとの関係は密接であった。1819年に、フロリダは合衆国に譲り渡されているが、その

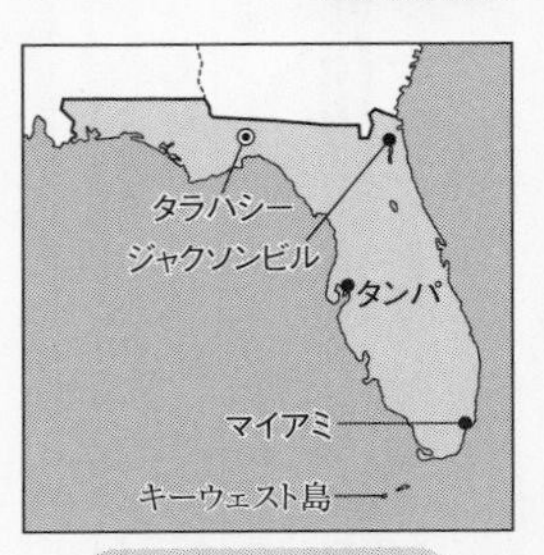

州都と主な都市

後もキューバとのつながりは保たれ、キューバからの流入者も多い。

▼政治風土　民主・共和どちらにも転ぶ激戦州

激戦州の1つ。共和党のレーガン、ブッシュ父・子、トランプが勝利している一方、民主党のビル・クリントン、オバマも勝っている。

▼名産と名所　全米の7割以上を占める柑橘類の生産地

リゾート地を中心とする観光業が知られるが、宇宙関連産業、農業もさかん。とりわけ、オレンジ、レモン、ライムなど柑橘(かんきつ)類の生産では、全米の7割以上を占める。「カリフォルニア・オレンジ」に対して、「フロリダ・オレンジ」だ。

●超富裕層のリゾート地

温暖なフロリダ州には、世界的に有名なリゾートや観光地が多々ある。まずは、州東部にある第2の都市マイアミ周辺である。世界的に人気の海浜リゾートのマイアミビーチは、厳密にはマイアミ市にはなく、橋でつながるお隣のマイアミ市の北約100㎞に位置する。また超富裕層のリゾート地であるパームビーチは、マイアミ市にある。隠居地でもあり、常住者の半分以上が65歳以上だ。

州中部のオーランドは、世界一のテーマパーク都市だ。「ウォルト・ディズニー・

ワールド・リゾート」や「ユニバーサル・オーランド・リゾート」がある。

●ヒスパニック系の増加がもたらすものとは?

フロリダ州は中南米への玄関であり、特にキューバに近い。そのため、キューバをはじめ中南米からの流入人口も少なくない。それは、カトリックを信じるスペイン語話者やヒスパニック系、ラテン系が少なくないことを意味する。

中南米をかつて支配していたのは、スペインである。その歴史的経緯から、中南米の多くはスペイン語圏であり、さらにはカトリックである。キューバからフロリダへと逃れた者らをはじめ、中南米からフロリダにたどり着いた者らは、スペイン語の話者でもあれば、カトリックでもある。

彼らのおかげでフロリダ州には、ほかにない文化が生まれ、マイアミ市でマンボやルンバなどのラテン音楽が流れる。その一方、彼らは貧困であり、政情不安からフロリダ州では犯罪率の増加に苦しんできた。

また、彼らを介しての麻薬の密輸も問題となっている。合衆国にはヒスパニック系がなおも増加されると思われ、フロリダ州は合衆国の未来を示唆(しさ)している。

●フロリダの人口を増加させたデサンテス知事

フロリダはひところまで全米第4位の人口を有してきたが、近年、ニューヨーク州を抜き去り、全米で第3位の人口を誇るようになった。その人口増加は、共和党デサンテス知事の手腕が大きいとされる。

デサンテスはフロリダ州ジャクソンビルに生まれ、エール大学やハーバード大学ロースクールで学び、海軍軍人を経て、2018年にフロリダ州知事に当選している。デサンテスは「ミニ・トランプ」ともいわれる人物だが、レーガン大統領の手法を学び、減税、規制緩和による経済改革に取り組んだ。

さらに「警察の資金を充実させよ」をスローガンに、フロリダの治安改善を目指してきた。ヒスパニックの流入の増大によって、フロリダの治安はほめられたものではなかったが、デサンテスはここにメスを入れた。アメリカでは多くの州が警官を冷遇しがちであり、民主党の政治家の一部は「警察の資金を断て」とも叫んできた。そのため全米の警官はやる気を失っていたが、デサンテス知事は警官の待遇を改善し、全米から能力のある警官を集めた。これによりフロリダの治安は改善され、全米から人が集まり、人口増につながったのだ。

フロリダでの実績を梃子(てこ)にデサンテスは2024年の大統領選に向けての共和党

デン後の大統領の有力候補と見られている。だが、トランプ、バイの予備選に出馬したが、途中、指名争いから撤退している。

●フロリダのビーチリゾートを襲う海藻「サルガッサム」問題

世界的に有名なフロリダのビーチリゾートだが、リゾートとして危機にさらされている。というのも、近年、海岸に大量の海藻が流れ着き、環境問題となっているからだ。

海藻はホンダワラ科の「サルガッサム」といい、古くから大西洋の真ん中あたりにあった。それが近年になって、北米大陸の大西洋岸、つまりはフロリダ半島の東岸に大量に流れ着くようになった。海藻は海中の酸素を奪うから、海藻の多い海中では魚が死んでしまう。海藻とともに大量の死んだ魚や微生物までもが流れ着くことになるから、海藻が漂着した海岸には悪臭が立ち込め、観光どころではなくなるのだ。

サルガッソのフロリダ半島漂着量は、年々増加し、観光業者は悲鳴をあげている。原因は南米のアマゾン川の変質ではないかともされるが、抜本的な対策はできないままだ。

㉔ オハイオ州
工業の衰退が進む「ラストベルト」の一角

州都と主な都市

▼面積と人口　全米で7番目に人口の多い州

オハイオ州の面積は11万6096㎢。本州の半分くらいの州である。人口は1176万人程度、全米で7番目に人口が多い。

▼地勢と気候　エリー湖岸にある内陸州であり、寒暖差が激しい

アメリカ北部の内陸州であり、州の北側は5大湖の1つであるエリー湖岸(こがん)となる。南部の州境にはオハイオ川が流れ、南部へと流れ込むミシシッピ川に合流している。そのため、内陸水上交通の要衝(ようしょう)となっている。

北緯38度から42度の間に位置し、日本でいえば北海道南部から東北地方北部と同じ緯度にある。内陸性気候のため、寒暖の差が激しく、降雪もある。

▼歴史　内陸水上交通を利しての経済発展

合衆国がイングランドより買い取った州であり、連邦政府加盟は17番目。19世紀、

オハイオ州が発展を遂げるのは、エリー湖を中心とした運河の開削による。エリー湖とオンタリオ湖、エリー湖とオハイオ川を結ぶ運河が完成すると、内陸の水上交通によってアメリカ南部から北部への物流が発展する。オハイオ州はその原動力となり、シンシナティやクリーブランドなどが工業都市となった。

▼政治風土　「オハイオを制する者が全米を制する」

屈指の激戦州（スイング・ステート）となっている。１９８４年から２０１６年まで、オハイオ州で勝利した者が、民主党候補であれ、共和党候補であれ、大統領となっている。つまり、どちらにでも揺れ、その差はごくわずかということ。１９９２年のビル・クリントンの勝利、２０１６年のトランプの勝利においても、オハイオ州が焦点となった。ただ、２０２０年の選挙では、トランプがオハイオ州を制したものの、民主党のバイデンに最終的に屈している。選挙人の数は17。

▼名産と名所　桜美林大学のルーツとなったオーバリン大学

穀倉地帯であるが、工業が発達。南西部のシンシナティでは石油精製、クリーブランドでは自動車、州都のコロンバスでは飛行機部品製造などがさかんだった。シンシナティには「Ｐ＆Ｇ（プロクター・アンド・ギャンブル）」の本社がある。またクリーブランドには、実業家のジョン・ロックフェラーらが設立した「スタンダード石油」があった。

また、同州のオーバリン大学は1833年の建学当初から、黒人の入学を認め、合衆国初の男女共学も実現させている。同大学の卒業生である清水安三（しみずやすぞう）は、その理念に共感し、自らの創立した大学に「オーバリン」をもじって、「桜美林（おうびりん）大学」の名を付けている。

●トランプ支持の背景にあった「ラストベルト」化

大統領選の激戦州であるオハイオ州では、2016年、2020年の選挙では共和党のトランプを支持した。その背景に、同州の「ラストベルト」化がある。

「ラストベルト」とは、「錆（さ）びた地帯」を意味する。合衆国の5大湖周辺の一帯であり、長く合衆国屈指の工業地域であった。けれども、近年、製造を外部に委託しはじめ、さらには脱工業化が進んでいくと、住人たちも外部に職を求めるようになる。商店は閉鎖に追い込まれ、職にあぶれた若者も出てくる。オハイオ州も、そうした「ラストベルト」化が問題になっていたのだ。

「ラストベルト」救済を掲（かか）げたのは、トランプであった。救済の声によって、ラストベルトではトランプが優勢となり、激戦州オハイオもトランプを支持したのだ。

●7人の歴代大統領を輩出した俊英の地

オハイオ州は、すぐれた指導者や偉才を輩出してきた地でもある。同州からは、7人の歴代大統領が生まれ育っている。特に19世紀後半には、第18代のユリシズ・グラントから、第19代のラザフォード・ヘイズ、第20代のジェームズ・ガーフィールドと、3代続けて大統領が登場している。

南北戦争の英雄でもあるグラントは、日本にも縁が深い。彼は大統領の任を離れてのち、明治の日本にも訪れ、明治天皇や政治家に的確な助言を行なっている。合衆国のみならず、世界で初めて日本を訪問した大物政治家といっていい。

彼らののち、第23代のベンジャミン・ハリソン、第25代のウィリアム・マッキンリー、第27代のウィリアム・タフト、第29代のウォレン・ハーディングが続く。これはヴァージニア州の8人に次ぐ数字であり、オハイオ州は「大統領の母の州」とも呼ばれている。

また、オハイオ州出身の著名人として「発明王」トーマス・エジソン、有人飛行機を初めて飛行させたライト兄弟（兄ウィルバーはインディアナ州生まれ）らがいる。映画監督スティーヴン・スピルバーグも同州の出身である。オハイオ州のすぐれた教育が、俊英を次々と生んでいたのである。

オハイオ州の文化レベルの高さをひとところまで象徴してきたのが、クリーブランド管弦楽団である。全米5大オーケストラの1つに数えられ、特にジョージ・セルが指揮したおよそ20年間は、全米一のオーケストラと称(たた)えられてきた。

●クリーブランドに新たに建てられたロックンロールの殿堂と博物館

現在、クリーブランドの文化レベルの高さを表す1つの建物が、ロックンロールの殿堂と博物館だ。アメリカ文化の象徴の1つが「ロック」であり、クリーブランドはその象徴になったのだ。

もともとロックンロールの殿堂は1983年に創設されたものの、当初、殿堂の拠点がなかった。そうした中、1986年にロックンロールの殿堂の本拠にクリーブランドが選ばれ、1995年には博物館が建設されたのだ。

クリーブランドがロックの殿堂の地になったのは、1つにはクリーブランドのラジオのDJであったアラン・フリードの功績による。彼は「ロックンロール」という言葉を初めてポジティブな意味で使い、広めていったからだ。以後、ロックに対する否定的な見解はしだいに失(う)せ、ロックは多くのアメリカ人に認められるようになったのだ。

㉕ インディアナ州
国際競争に苦しむ全米屈指の鉄鋼業地帯

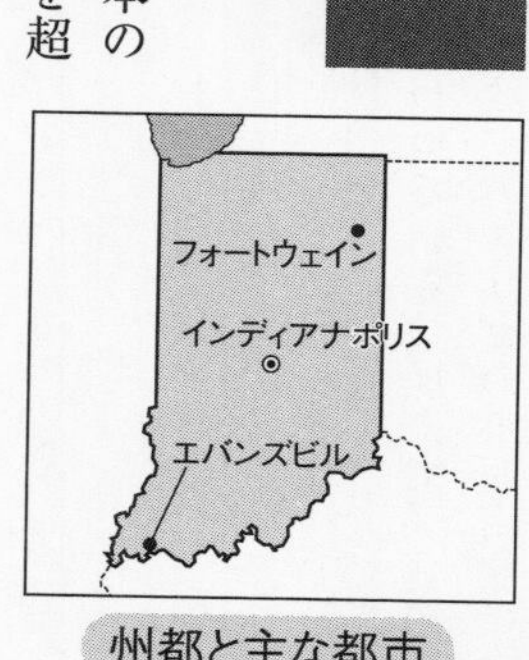

州都と主な都市

▼面積と人口　日本のおよそ4分の1の面積

インディアナ州の面積は、９万４３２１㎢。日本のおよそ4分の1の広さだ。その人口は６７０万人を超える。

▼地勢と気候　ミシガン湖に面した内陸州

アメリカ北部にある内陸州である。北の一部は、５大湖の1つ、ミシガン湖岸（こがん）となっている。北西部は、５大湖地域最大の都市シカゴ（イリノイ州）に近い。州の中央は、肥沃（ひよく）な黒土地帯となっている。内陸性気候のため、寒暖の差が大きく、春と秋は短く、竜巻が多い。

▼歴史　19世紀に工業が発展、屈指の工業州に

イングランドの植民地だったが、独立戦争後、合衆国に譲り渡されている。合衆国19番目の州。19世紀後半から工業化が進展し、ひところまで合衆国有数の工業州

へと成長した。

▼**政治風土**　共和党優勢だが、近年は民主党に軍配も共和党優位である。ただ、地域によって支持は分かれ、保守的な南部は共和党を支持、シカゴに近い北部はリベラルであり、民主党を支持する。近年では、2008年にオバマが勝利しているように、時折、民主党が勝利することもある。

▼**名産と名所**　鉄鋼・自動車の工業地帯

肥沃な土地のおかげで、トウモロコシの栽培がさかんである。一方で鉄鋼、自動車製造も強い。北部は、全米屈指の鉄鋼業地帯となっている。

ただ、インディアナ州の工業はかつてほどの勢いを失っている。国際競争にさらされるに従って、環境は厳しくなり、雇用は減る。そのため、インディアナ州は「ラストベルト（錆(さ)びた地帯）」の一部を構成するようになっている。

●アメリカの物流拠点でありモータースポーツ聖地

インディアナ州は、「アメリカの十字路」ともよく呼ばれる。アメリカの東海岸、西海岸を結ぶラインにあり、5大湖の水上交通にも関わっている。加えて、合衆国内でハイウェイが整備されていくと、インディアナ州は、アメリカの東西南北のハイウェイの交差点となっていった。

そんなところから、「アメリカの十字路」インディアナ州は、アメリカの物流の拠点となったのだ。トラック便であれば、24時間以内に、全米のおよそ8割の土地に輸送が可能となっている。

交通の要衝（ようしょう）・インディアナ州の州都インディアナポリスは、モータースポーツの聖地である。

毎年5月のメモリアルディ（戦没者追悼記念日）の前日、インディアナポリス市では、「インディ500」という自動車レースが開催されるからだ。

「インディ500」は、2・5マイル（約4㎞）のコースを200周する。つまりは、500マイルの走破を競い、ヨーロッパの「モナコグランプリ」「ル・マン24時間レース」と並ぶ、世界3大自動車レースになっている。

おかげで、インディアナポリスの5月は異様な盛り上がりを見せる。5月1日に市長主催の朝食会から、イベントラッシュがはじまり、月末のメモリアルへ向けて熱を帯びていく。インディアナポリスの人口は、90万人弱である。そこに、世界からはおよそ40万人のファンが集まるから、一時的にインディアナポリスの人口は1・5倍にも増える計算だ。

㉖ イリノイ州
全米第三の都市シカゴが顔だが、農業もさかん

州都と主な都市

▼面積と人口　全米第6位の人口

イリノイ州の面積は、14万9997㎢。北海道と東北地方を合わせた面積より狭い程度だ。人口は1258万人程度で、全米第6位となっている。

▼地勢と気候　シカゴの高層ビル群が山より高いほどの平地

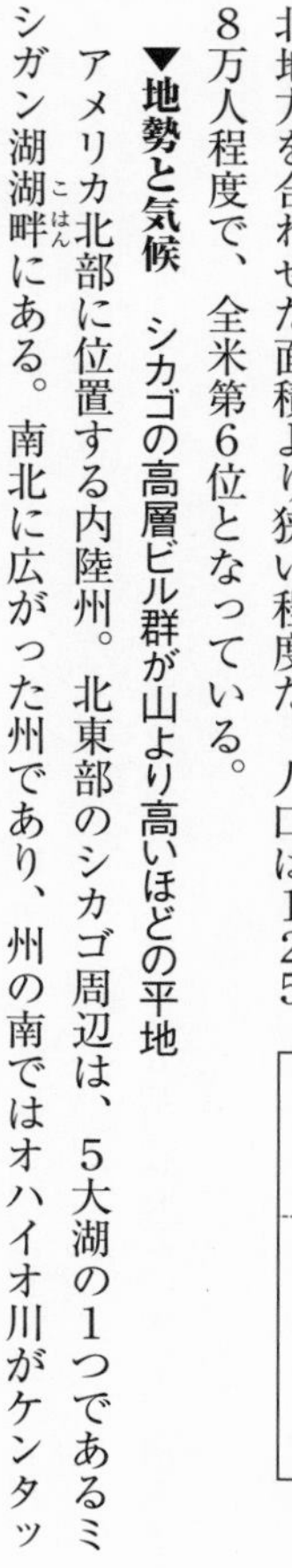

アメリカ北部に位置する内陸州。北東部のシカゴ周辺は、5大湖の1つであるミシガン湖湖畔（こはん）にある。南北に広がった州であり、州の南ではオハイオ川がケンタッキー州との境になっている。

一方、西ではミシシッピ川が、アイオワ州、ミズーリ州との境になっている。内陸性気候のため、寒暖の差が激しく、最大の都市シカゴの冬の平均気温は氷点下である。

イリノイ州は平坦な地であり、州の9割は「プレーリー（大草原）」だ。最も高

い土地であるチャールズ・マウンドでも、標高376mしかない。これは、イリノイ州最大の都市シカゴの高層ビルよりも低い。イリノイ州で最も高いのは、山ではなくビルということになる。

▼歴史　州名の由来は先住インディアンの言葉「イリノイ」は先住インディアンの「イリニウェク（男ども）」の言葉に由来する。イングランドの植民地ともなったが、独立戦争を経て、合衆国に譲り渡された。1818年、合衆国21番目の州となっている。そののち、先住のインディアン「ブラック・ホーク」との戦いに勝利し、白人支配が固まった。

▼政治風土　地方では共和党支持もあるが、民主党の地盤民主党の地盤となっている。合衆国第3の都市シカゴ周辺は、民主党の牙城（がじょう）となっている。その一方、州の中部、南部の農村地帯は共和党が強いが、結局は大都市の票には勝てない。選挙人の数は19。

▼名産と名所　製造、金融、そして農業がさかん製造、金融がさかんだが、農業州でもあり、トウモロコシ、大豆の栽培、畜産も主力産業。トウモロコシ由来のバイオエタノールも、生産されている。

●シカゴ商品取引所は世界の穀物の先物取引に影響

イリノイ州最大の都市シカゴの人口は、およそ267万人。ニューヨーク、ロサンゼルスに次ぐ全米第3の都市である。シカゴはミシガン湖畔に面していて、世界最大の湖畔都市となっている。

シカゴには、「ボーイング」「キャタピラー」「マクドナルド」「モトローラ・ソリューションズ」などの本社が置かれている。ボーイング社はもともとワシントン州のシアトル発祥（はっしょう）、マクドナルドのハンバーガーはカリフォルニア州にルーツを持つが、総本山となったのはシカゴだったのだ。

シカゴ郊外には、マクドナルド社によるハンバーガー大学もあり、ここで人材を育成している。キャタピラー社は、世界最大の重機メーカーである。

経済都市シカゴの存在を世界に示しているのが、シカゴ商品取引所である。世界の商品市場の形成に大きな影響力を持っており、とりわけ、トウモロコシや大豆などの穀物（こくもつ）の先物取引に強い影響を及ぼす。

なぜシカゴの商品取引所がそれらの穀物に対し大きな力を有するのかというと、イリノイ州でトウモロコシ、大豆などの栽培がさかんだからである。つまり農業州であることが反映されているのだ。

●ニューヨークに先んじて高層ビルが並んでいたシカゴ

シカゴには、多くの人種が集まっている。アフリカ系が最も多いが、ドイツ系やポーランド系、イタリア系、中国系などさまざまな移民が根を張っている。1920年代の禁酒法時代、シカゴの暗黒街の顔役となったアル・カポネは、イタリア移民である。

シカゴに移民が多かったのは、19世紀半ば、このあたりが1つのフロンティアとなっていたからだ。それも、交通の便のよくなったフロンティアである。鉄道の発達によって、1855年には東海岸とシカゴは結ばれた。

加えて、ミシガン湖とミシシッピ川をつなぐ運河が開削(かいさく)され、南部との交流も深まっていた。シカゴには多くの人が集まりはじめ、発展していったのである。

さらに、1871年にシカゴが大火に見舞われたことも大きい。これを機にシカゴの再開発がはじまったからだ。1884年、シカゴにはホーム・インシュアランス・ビルが建設される。

これは世界初の本格的な超高層ビルであり、当時、シカゴはニューヨークよりも先に高層ビルが建っていたのである。

それは、シカゴの街の高層ビル化のはじまりでもあった。現在、シカゴには多くの高層ビルが立ち並ぶ。高さおよそ443m、110階建てのウィリスタワー（旧シアーズタワー）は、1998年までの25年間、世界一高いビルだった。

シカゴは、文化とスポーツのレベルの高い都市でもある。文化を象徴するのが、シカゴ交響楽団である。

かつてハンガリー出身のゲオルク・ショルティが指揮者だった時代、ショルティとシカゴ交響楽団のコンビはグラミー賞を獲得、全米はおろか世界屈指と目されてきた。

シカゴは、ブルースの街でもあり、それは「シカゴ・ブルース」となっている。ブルースはもともと南部で生まれていたが、南部からシカゴに移り住んだ者らによって、シカゴで1つの花を咲かせたのである。

●本場の「シカゴピザ」の意外な見た目とは…

「シカゴ」といえば、日本人は日本の宅配ピザチェーン「シカゴピザ」をイメージするかもしれない。けれども、日本の宅配ピザ「シカゴピザ」の提供するピザは、シカゴの本場のピザとは完全に別物である。日本のシカゴピザは、生地が薄いことから、ニューヨーク風ピザに近い。

では、シカゴのピザはどうかというと、「シカゴ風ピザ」として知られ、その代表が「ディープディッシュ・ピザ」となる。ディープディッシュ・ピザの生地は深皿のようになっていて、ピザというよりはパイに近い。この独特なディープディッシュ・ピザが、シカゴのスタンダードなのだ。

●未来の大統領を狙う、シカゴ出身の駐日大使エマニュエル

イリノイ州は第40代大統領ロナルド・レーガンの出身地だが、イリノイ州から未来の大統領を狙っているのが、ラーム・イスラエル・エマニュエル駐日大使だ。エマニュエルは同州シカゴの出身であり、父がユダヤ人であるため、イスラエルとの二重国籍を持つ。彼は民主党のビル・クリントン政権時代に、大統領上級顧問を務め、その暴れん坊ぶりから「ランボー」のニックネームを頂戴(ちょうだい)している。

エマニュエルはイリノイ州の下院議員を経て、シカゴ市長を務めたのち、大使として日本に渡っている。

日本では、水面下でLGBT法の可決に向けて動き、やり手ぶりを見せている。彼の未来の目標はバイデン、トランプ後の大統領の座と思われ、そのため日本での実績づくりを欲している。

㉗ミシガン州
自動車メーカーの「ビッグ3」が栄えた地

州都と主な都市

▼面積と人口 日本の本州よりも広い

ミシガン州の面積は、25万4 9 3㎢。日本の本州よりも広く、北海道の面積の3倍程度だ。全米では11位の広さとなる。人口は1 0 0 0万人強である。

▼地勢と気候 5大湖周辺にある2つの半島からなる

アメリカ北部の内陸州で、5大湖周辺に形成されている。州名「ミシガン」は、インディアンの言葉「メシカミ（大きな湖）」に由来し、北のアッパー半島、南のロウアー半島という2つの大きな半島からなる。

アッパー半島は、北のスペリオル湖と南のミシガン湖を隔て、ロウアー半島は、東のヒューロン湖と西のミシガン湖を分かつように突き出ている。ロウアー半島はその東の付け根部分で、エリー湖とも接している。州の東は、カナダとなる。気候は内陸性で、寒暖の差が激しい。夏は過ごしやすい。

▼歴史　かつてはフランスの植民地

フランス領を経て、イングランド植民地となった経緯がある。独立戦争を経てのち、合衆国に編入されている。合衆国26番目の州。

▼政治風土　民主党の地盤が揺らぎ、近年は激戦州に

長く民主党が優位にあったが、近年は激戦州に変化してきている。２０１６年の選挙では、共和党のトランプが勝利し、２０２０年には民主党のバイデンが制している。

▼名産と名所　デトロイトを中心に栄えた自動車産業

もともとは、デトロイトを中心に自動車産業が全米随一(ずいいち)だったが、今は航空産業や情報技術産業に活路を見いだす。

●自然が美しいアッパー半島と工業が栄えたロウアー半島

ミシガン州は、北のアッパー半島、南のロウアー半島から成り立つが、２つの半島は全く異なる性格を持つ。アッパー半島には美しい景観が残され、観光に力を入れている。

一方、ロウアー半島では工業が栄えた。中心となったのは、デトロイトの自動車

産業だ。

「西のパリ」といわれた都市の財政破綻、そして復興へ

ミシガン州最大の都市デトロイトは、ひところアメリカでもっとも治安の悪い街といわれてきた。デトロイトを支えてきた自動車メーカーが衰えていく中、街の中心に黒人たちが移住し、スラム化していったからだ。

20世紀を迎えるころ、デトロイトは「西のパリ」といわれるほど栄えた街であった。そこに1903年、ヘンリー・フォードが量産型の自動車工場をデトロイトに開設、以後、デトロイトはアメリカの自動車産業の聖地と化していく。ゼネラルモーターズ、クライスラーもデトロイトに本拠を構えたから、アメリカが自動車大国になるほどに、デトロイトは栄えていった。

けれども、第二次世界大戦後、デトロイトの繁栄に翳り(かげ)が差しはじめる。1つには、虐げ(しいた)られてきた黒人たちが主張をはじめ、白人が居づらくなったからだ。

実のところデトロイトの自動車産業の躍進を支えてきたのは、南部から移住してきた黒人たちの安い労働賃金にあった。彼らはスラムのような地域に押し込められていたが、しだいに居住区を拡大し、権利を強く主張していくようになる。196

7年には、黒人たちによる大規模な暴動も起きている。

こうした過程で、デトロイトの中心にあった白人たちは郊外に移住していった。これを「ホワイト・フライト」というが、同時にデトロイトの自動車企業も郊外に工場を移していった。

いまでは、デトロイト市内の人口の8割を黒人が占めるほどで、その郊外の衛星都市には白人が居住している。郊外の衛星都市に占める白人の割合は、およそ9割だ。デトロイト市内の治安がひどいのに対して、デトロイトの衛星都市の治安は概してよい。

1970年代以降、デトロイトの自動車産業が新興の日本の自動車メーカーに押されていくと、デトロイトを取り巻く状況はさらに悪化する。市の財政悪化のため、デトロイト市内では警察がロクに機能せず、治安が悪化する一方となり、これにともなって地価も下落していった。デトロイト市当局は、為す術もなく、2013年にはデトロイト市はついに財政破綻してしまった。

ただ、現在デトロイトは好転しはじめ、情報技術産業や航空産業に未来を見ようとしている。また地価の急落を受けて、ベンチャー企業を目指す若者たちがデトロイトを目指すようにもなっている。

㉘ウィスコンシン州
ビールやチーズの生産がさかんな「酪農州」

州都と主な都市

▼面積と人口　ウルグアイよりも小さめの州

ウィスコンシン州の面積は、16万9639㎢。南米のウルグアイよりも小さい程度の州だ。人口は、590万人に迫る。

▼地勢と気候　5大湖沿岸州の1つ

アメリカ北部の内陸州である。5大湖沿岸州の1つであり、北はスペリオル湖岸、東はミシガン湖岸となる。スペリオル湖の向こうは、カナダである。州を東西に流れるのは、ウィスコンシン川。州の名「ウィスコンシン」は、インディアンの言葉で「赤い石の地」だ。

▼歴史　イングランドがフランスから奪った植民地

フランスが植民地を形成したのち、イングランドと争い、イングランドの植民地となる。独立戦争を経たのち、合衆国に譲渡されている。合衆国30番目の州。

▼政治風土　どちらが勝つかわからない激戦州

激戦州（スイング・ステート）の1州である。２０１６年の大統領選では、共和党のトランプが勝利したが、２０２０年の選挙では民主党のバイデンが凱歌（がいか）をあげている。選挙人の数は10。

▼名産と名所　酪農がメインだが、豊富な森林資源を活かした林業も

酪農の州だが、豊かな森林資源を活かしての林業もさかん。林業をベースに、製紙業も発達している。港湾都市のグリーンベイは、トイレットペーパーやティッシュペーパーの生産で知られる。

●ドイツ・スイス系移民がもたらしたチーズとビール

ウィスコンシン州は、全米屈指の酪農の州であり、特にチーズの生産がさかんだ。州では毎年6月を「酪農（らくのう）の月」と決めていて、州の25セント硬貨には、牛とチーズ、トウモロコシが刻印（こくいん）されている。毎年10月には、州都マディソンで世界酪農エキスポも開催されるほど、州が酪農を推進しているのだ。

ウィスコンシン州のチーズは、大量生産型である。よって、全米の4分の1を同州が生産している。

もう1つ、ウィスコンシン州の名物といえば、ビールの生産である。ウィスコンシン州最大の都市ミルウォーキーは世界有数のビール生産地であり、「シュリッツ」や「ミラー」などの銘柄(めいがら)を市場に送り込んでいる。

ウィスコンシン州で、チーズやビールの生産がさかんになったのは、移民がチーズやビールの生産技術を持ち込んだからだ。特にドイツ系やスイス系移民は、ウィスコンシン州の風土を自国の風土に重ね合わせ、チーズやビールの生産に適していると見たのである。

●「ラストベルト」化する工業都市ミルウォーキー

ミシガン湖西岸に位置するミルウォーキーは、工業都市でもある。ここには、オートバイで有名な「ハーレーダビッドソン」の本社がある。それでいて、工業都市ミルウォーキーは、ミシガン湖に面して、ドイツを思わせるような都市景観でも知られる。

ただ、近年、ミルウォーキーでは街中が空洞化(くうどう)している。この都市でも製造業が廃(すた)れ、雇用が不安定化しつつあるのだ。犯罪も多くなり、いわゆる「ラストベルト(錆びた地帯)」の一角になってしまっている。

㉙ ミネソタ州
寒さが厳しい「アメリカの冷蔵庫」

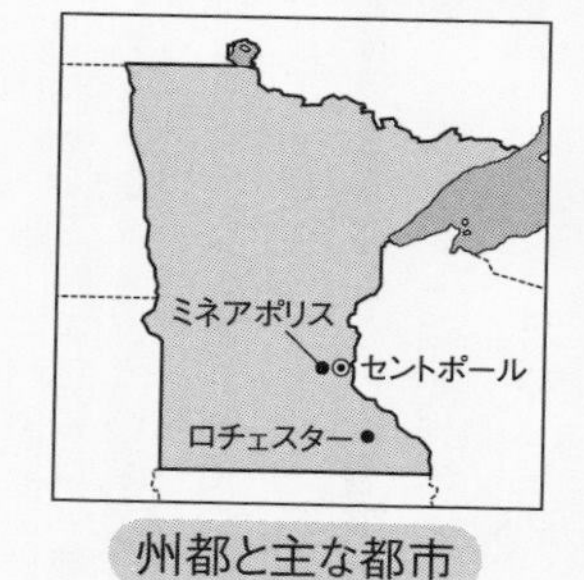

州都と主な都市

▼面積と人口　日本の本州並みの広さ

ミネソタ州の面積は、22万5181㎢。日本の本州と同じくらいの大きさである。全米では12番目に大きい州でもある。人口は570万人程度。

▼地勢と気候　アメリカ本土で最も北に位置する

アメリカ北部に位置する内陸州である。州の東側の一部は、5大湖の1つであるスペリオル湖の湖岸となっている。

ミシシッピ川の最上流部に位置し、1万1000を超える湖沼が点在する。「ミネソタ」の名は、インディアンの言葉である「曇り空の色をした水」に由来し、湖沼の州なのだ。

ミネソタ州は大陸性の気候下にあり、寒暖の差が激しい。冬の寒さは厳しく、州都セントポールの1月の平均気温は零下15度にもなる。そこから、ミネソタ州は「アメリカの冷蔵庫」とも呼ばれる。

▼歴史　ナポレオンから買収した大ルイジアナ植民地の一部

もとは、フランスが北米大陸に築いた広大な大ルイジアナ植民地の一部。19世紀初頭、ナポレオンは合衆国に大ルイジアナ植民地を売却し、これによって、ミネソタは合衆国入りした。合衆国32番目の州である。

▼政治風土　民主党を推すリベラルな風土

民主党が優勢にある。リベラルな風土であり、同性婚も認めている。

▼名産と名所　スーパーフードであるワイルドライスの産地

鉱山資源や森林資源が豊富であり、鉱業、林業も看板の1つ。一方、豊かな自然環境を活かしての農業、畜産業もさかんである。「穀物のキャビア」ともいわれる北米原産「ワイルドライス」の産地でもある。

●「双子都市」ミネアポリスとセントポール

ミネソタの州都はセントポール、最大の都市はミネアポリスである。実は、この2つの都市はミシシッピ川を挟んで向かい合う隣接都市であり、「双子都市（ツインシティーズ）」となっている。ミネアポリスにはＭＬＢの「ツインズ」があるが、双子都市であることがチーム名になっている。

ミネアポリスの人口はおよそ40万人、セントポールの人口はおよそ30万人。ツインシティーズの都市圏人口は、ミネソタ州のおよそ6割にもなる。

ミネアポリスが商業の中心であるのに対して、セントポールは歴史の街である。ともに美しい自然に恵まれ、洗練されていて、「ワーキング・ウーマンに似合う街」として評価されている。

●全米随一の巨大ショッピングモール「モール・オブ・アメリカ」

ミネソタ最大の都市ミネアポリスの自慢の1つが、巨大ショッピングモール「モール・オブ・アメリカ」だ。なにかとスケールがビッグなアメリカには、巨大ショッピングモールがいくつもあるが、「モール・オブ・アメリカ」は全米で最大規模である。

その延床面積はおよそ39万㎢、いずれは９００もの店舗が入る予定である。年間の客数は４０００万人を超え、これはミネソタ州の総人口の7倍にもなる。

モール・オブ・アメリカは交通アクセスにもすぐれ、セントポール空港やミネアポリスのダウンタウンまで直通のライトレールがある。

㉚ アイオワ州
大統領選挙の年に一躍脚光を浴びる大激戦区

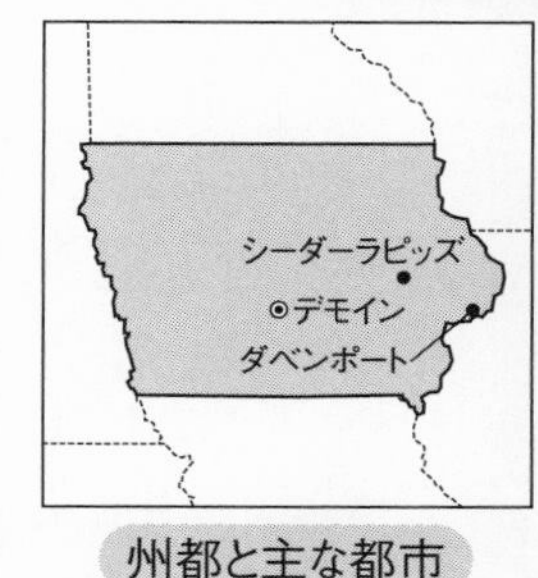

州都と主な都市

▼面積と人口　バングラデシュよりも大きな州

アイオワ州の面積は、14万5743㎢。バングラデシュよりも少し大きな州である。人口は、320万人を超える。

▼地勢と気候　アメリカ内陸の大草原の中央部に位置する

アメリカの北中部に位置する内陸州である。州の東境をミシシッピ川が、州の西境をミズーリ川が流れている。内陸の大草原（プレーリー）の中央部にあり、なだらかな地帯が続く。内陸性の気候にあり、寒暖の差が激しい。

▼歴史　戦争によって、多くのインディアン部族を追い出す

17世紀までは、およそ17のインディアン部族がいたとされる。「アイオワ」の名は、インディアン部族の言葉で、「眠たがり」を意味する。その後、フランスの広大な大ルイジアナ植民地の一部となったのち、19世紀初頭、合衆国に売却された。白人

たちは先住のインディアンたちと「ブラック・ホーク戦争」を戦った末、支配を固めている。合衆国29番目の州であり、自由州としてスタートした。

▼政治風土　2020年の選挙ではトランプを支持した激戦州

どちらが勝っても不思議ではない激戦州。2000年には、敗れた民主党のアル・ゴアを支持している。2020年には、これまた敗れたトランプを支持した。

▼名産と名所　小説の舞台となった「ローズマン・ブリッジ」

トウモロコシや大豆などの農業が主力産業だ。豚や牛の畜産業もある。保険関連の産業も伸びている。

近年、新たな観光名所となっているのは、州内のウィンターセットにある屋根付き橋「ローズマン・ブリッジ」だ。ロバート・ジェームズ・ウォーラーによる小説『マディソン郡の橋』の舞台になったためだ。それまではさしたる注目を浴びなかった橋が、恋愛小説によって世界的人気を呼ぶようになった。

●大統領選の開幕を告げる「アイオワ・コーカス」

農業主体のアイオワ州は4年に1回の大統領選となると、ニューハンプシャー州とともに脚光（きゃっこう）を浴びる。同州が激戦州であり、かつ最初の決戦州でもあるからだ。

アイオワ州では、大統領選にあたって全米最初の党員集会（コーカス）が開かれる。これは「アイオワ・コーカス」といって、全米の注目の的になる。ここでの動向が、その後の大統領選に大きな影響を与えるからだ。合衆国では、「アイオワ・コーカスでトーンが決まり、続くニューハンプシャー・プライマリー（予備選挙）で候補者が絞られる」とよくいわれている。

アイオワ・コーカスが、ニューハンプシャー州でのプライマリー（予備選挙）よりも特殊なのは、何時間もの党員ミーティングがあるところだ。同じく影響力の強いニューハンプシャー州の予備選挙の場合、無記名投票だから、投票すればそれで終わりだ。一方、アイオワ・コーカスの場合、夜7時ごろから、数時間かけて討論が行なわれる。よほど熱心な人でないと、参加できない。

アイオワ・コーカスは大統領選を占う重要なイベントであるとともに、候補者に断念させることもある。ここで芳しくない結果が出ると、場合によっては、候補者は辞退してしまう。バイデン大統領もかつて、アイオワでは痛い目に遭っている。彼は2008年の大統領選では、アイオワで挫折し、撤退している。

アイオワ州出身の大統領には、第31代のハーバート・フーヴァーがいる。彼の時代、アメリカは世界恐慌に襲われ、彼はこれに相対している。

㉛ ミズーリ州
全米の農業を支える管制塔

州都と主な都市

▼面積と人口　カンボジアよりもわずかに小さい
ミズーリ州の面積は、18万5３３㎢。カンボジアよりも、わずかに小さい。人口は６１７万人程度。

▼地勢と気候　州の東西を横切るミズーリ川が流れる
大草原（プレーリー）にあり、なだらかな土地が広がっている。州の東西を横切って流れるミズーリ川（ミシシッピ川の支流）は、東ではイリノイ州やケンタッキー州との州境になっている。内陸州であるため、冬と夏の寒暖の差が激しいものの、冬に大きく冷え込むことはそれほどない。

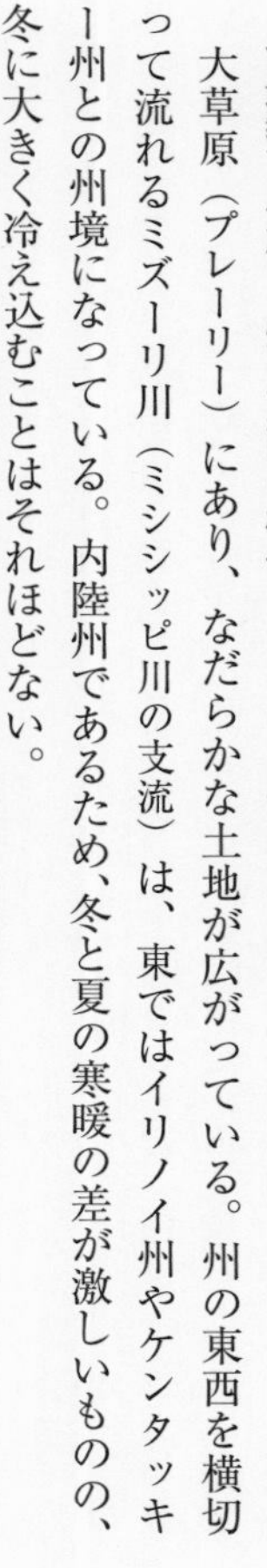

▼歴史　かつては、フランスの大ルイジアナ植民地の一部
フランスが築いていた広大な大ルイジアナ植民地の一部であったが、19世紀初頭、合衆国に売却されている。合衆国24番目の州。

▼政治風土　激戦州だが、近年は共和党優勢か

激戦州の1つとなっている。2016年、2020年には共和党のトランプが勝利し、近年は共和党が押し気味である。選挙人の数は10。

▼名産と名所　ビール「バドワイザー」の故郷

トウモロコシに綿花の生産と農業がさかんで、畜産業も力がある。セントルイスは、人気ビール「バドワイザー」が生まれた都市。

●ミズーリ州の農業を支える2つの大都市

ミシシッピ州の多くは農業地帯であるが、その東西にはセントルイス、カンザスシティという2つの大都市がある。ともに、ミズーリ川の流域にできた街だ。

セントルイスは、フランス人によって生まれた街であり、フランス国王ルイ9世にちなむ名だ。セントルイスが栄えたのは、19世紀、この街が西部開拓の起点となったからである。セントルイスは、アメリカ東部の中で最も西にある都市と見なされ、西部への移民を試みる者たちはセントルイスを起点に西へと進んでいったのだ。そのため、セントルイスは「西部諸州の入り口」といわれてきた。

セントルイスの繁栄（はんえい）は、1904年のセントルイスでのオリンピックと万国博覧会開催となる。フランスからの大ルイジアナ買収100年を記念しての大イベントであり、アメリカ初のオリンピックであった。

セントルイスはやがて西部開拓の尖兵（せんぺい）としての使命を終えるが、全米の農業のコントロールタワーにもなっている。「全米トウモロコシ生産協会」や「アメリカ大豆輸出協会」の本部が置かれているからだ。ミズーリ州の農業を、セントルイスが下支えしているのである。

また、バイオ化学メーカーのモンサント社の本社もあった。モンサント社は人工甘味料サッカリンを生み出し、枯葉剤の生産にも関わってきた、遺伝子組み換え技術を有する会社だ。現在は、ドイツのバイエルに吸収されている。

一方、西のカンザスシティは、カンザス川とミズーリ川の合流地点に位置する。対岸にはもう1つのカンザスシティ、つまりカンザス州カンザスシティがあり、2つの都市は「双子都市」となっている。ただし、行政的には区分けされている。

カンザスシティも、セントルイス同様、ミズーリ州の農業によって育てられたところがある。1856年には、シカゴに続いて2番目の穀物取引所がカンザスシティに設置されている。

さらにカンザス州の畜産業も、カンザスシティを育てている。畜産業の隆盛（りゅうせい）によって、カンザスシティはバーベキューの街として知られるようにもなっている。

㉜ノースダコタ州
過酷な寒暖差ゆえ人口わずかな農業州

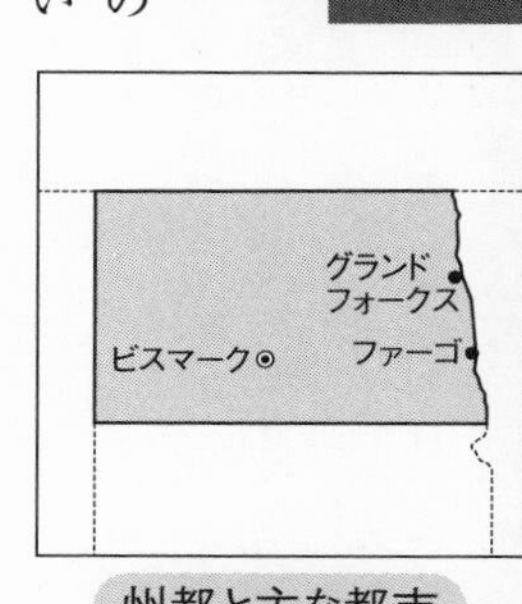

州都と主な都市

▼面積と人口　全米で4番目に人口の少ない州

ノースダコタ州の面積は、18万3272㎢。本州のおよそ5分の4程度、中東のシリアよりも少し小さいくらいの州である。

人口は80万人を切っていて、全米で4番目に人口の少ない州となっている。人口密度も低い。

▼地勢と気候　夏は酷暑で、冬は極寒の地

アメリカ北部に位置する内陸州である。ロッキー山脈に源を発するミズーリ川が州の南西部を流れ、グレート・プレーンズという大平原が広がる。

内陸性の気候のため、寒暖の差が激しい。夏は酷暑（こくしょ）、冬は極寒となる。州内ではかつて夏に最高気温49度が観測されたこともあれば、冬に最低気温零下51度も観測されている。

▼歴史　もともとはインディアンのダコタ族の土地
もとの居住者は、インディアンのスー族の一派「ダコタ族」。「ダコタ」の名は、スー族の言葉で「同盟」を意味する。ダコタ族とスー族が同盟者だったからだろう。その後、フランスの広大な大ルイジアナ植民地の一部ということになっていたが、ほとんど支配を受けてはいない。

19世紀、アメリカがフランスから購入したのち、ようやく合衆国の探検隊がこの地に派遣されたほどだ。合衆国39番目の州。

▼政治風土　共和党支持、妊娠中絶が禁止の保守的な風土
共和党が優勢である。保守的な風土であり、妊娠中絶禁止法の厳しさは、全米一ともいわれる。

▼名産と名所　デュラム小麦が名産、近年はエネルギー産業も
小麦、大麦などの農業が主力産業。とりわけ、パスタの原料となるデュラム小麦の栽培がさかんであり、小麦の生産量では全米屈指となっている。ビートや亜麻（あま）の栽培もなされている。ハチミツの生産では、全米1位。

その一方、天然ガス、石油、シェールオイルなどのエネルギー産業も育ってきている。特にバッケンのシェールオイル層は世界最大級と目（もく）されている。

●ドイツ系移民の多さを象徴する州都名「ビスマーク」

ノースダコタ州の州都は、ビスマークである。ドイツ統一を成し遂げた大宰相(さいしょう)「ビスマルク」の英語名である。

なぜ都市名にビスマークと名付けたのかというと、ドイツ系移民への配慮によるる。それほど、ノースダコタ州にはドイツ系移民が多いのだ。今も、州内の47％がドイツ系の末裔(まつえい)たちだ。

ドイツ系移民が多くなったのは、偶然によるものである。ノースダコタ州の人口は、1870年ごろでも、2000人ほどしかいなかった。州を成り立たせるために移民と資本を求めたとき、ビスマルクによる統一間もないドイツの人と資本に注目がいった。

そこから、ドイツ系移民が多く集まり、そのあとを追って、ノルウェーやスウェーデンなどの北欧系移民もやって来るようになったのだ。

そうはいっても、過酷(かこく)な気候下、人口はそうそう増えない。州最大の都市ファーゴでさえも、人口は10万人強しかいない。

また、人口が少ないこともあり、インディアンの人口比率は5％強となっている。彼らにとって全米でも有数の居留(きょりゅう)区であるが、同時に貧困にもあえいでいる。

㉝ サウスダコタ州

一大観光地が抱える少数民族問題

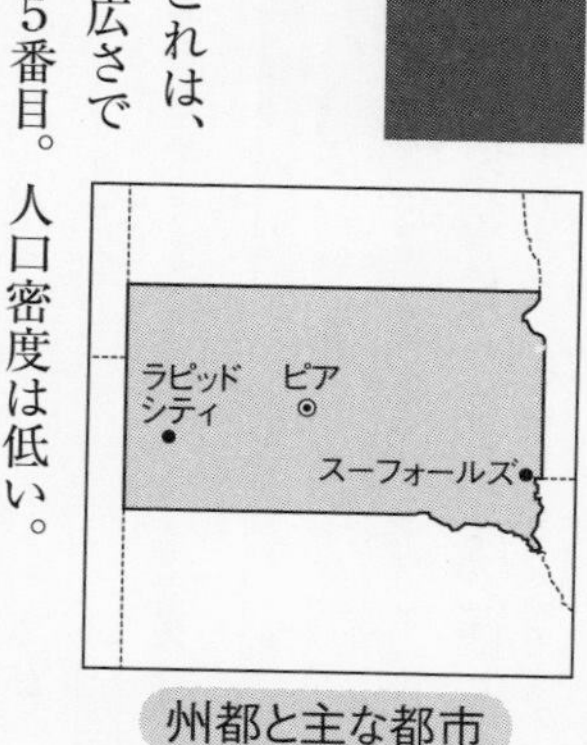

州都と主な都市

▼面積と人口　広大な土地に、90万人弱の人口

サウスダコタ州の面積は、19万9905㎢。これは、中央アジアのキルギスとちょうど同じくらいの広さである。人口は90万人弱と少なく、全米で下から5番目。人口密度は低い。

▼地勢と気候　夏は暑く、冬の寒さは厳しい内陸州

アメリカ北部に位置する内陸州。州の中央をミズーリ川が流れ、グレート・プレーンズと呼ばれる大平原が広がる。内陸性の気候であり、夏は暑く、冬の寒さは厳しい。

▼歴史　スー族と白人の対立は今なお禍根を残す

フランスの広大な大ルイジアナ植民地の一部であったが、19世紀初頭、合衆国に売却された。

それ以前から居住していたのは、先住のインディアンたちだが、1820年ごろ

から、インディアンのスー族が移住をはじめる。もとの居住地を追われた彼らは、先住のインディアンを追い出し、この地に居住したのだ。

けれども、やがて白人が奪取（だっしゅ）にかかる。白人はスー族を破り、この地の支配を確定させている。スー族と白人の対立の歴史は、今なお禍根（かこん）を残している。

▼政治風土 共和党が盤石

共和党が優勢。1964年の選挙に勝って以来、共和党が敗れたことがない。

▼名産と名所 一大観光地の「ラシュモア山」

干し草、ライ麦、ひまわりの栽培などの農業が主体。ラシュモア山という一大観光地があることで、観光業も栄えている。

●山の巨大彫刻の〝新顔〟の意味

サウスダコタ州の最大の名所といえば、ラピッドシティ近くのブラックヒルズにあるラシュモア山である。ラシュモア山国立記念公園の一角にあり、岩肌（いわはだ）に歴代大統領4人の顔が彫（ほ）られていることで名高い。初代ワシントン、第3代ジェファソン、第16代リンカン、第26代セオドア・ローズヴェルトである。その大きさは、18mにもなり、合衆国のシンボルともなっている。

ラシュモア山に大統領の顔が彫られたのは、１９２７年からのことで、１９４１年に完成している。１９２９年にはじまった世界恐慌を克服するための、公共事業としての側面もあった。

このラシュモア山に新たに彫刻されはじめたのが、「クレイジー・ホース」である。シッティング・ブルと並び、インディアンのスー族を代表する英雄的な戦士である。完成すれば、高さ１７０ｍにもなり、４人の大統領の彫刻をはるかに上回るスケールとなる。

新たにクレイジー・ホースの像が彫られているのは、白人による贖罪の意味がある。それほどに、サウスダコタの地は、スー族と白人の闘争の場であり、白人による民族浄化（エスニック・クレンジング）が行なわれてもいたのだ。

●スー族と白人との因縁

スー族がこの地に居住するようになったのは、アメリカ政府から追い立てられたからだ。当初、アメリカ政府もスー族のミズーリ川以西での居住を認めていたが、１８７４年、彼らの居留地のブラックヒルズで金鉱が発見された。金鉱に目が眩んだ合衆国政府は、この地からスー族を追い出そうとした。けれども、ブラックヒルズはインディアンにとって聖地のようなものであり、退くわけにはいかない。ここに、スー族と合衆国政府との十数年にも及ぶ戦争がはじまった。

この戦いで、スー族の戦士として活躍したのが、クレイジー・ホースやシッティング・ブルだ。隣接するモンタナ州のリトルビッグホーンの戦いでは、スー族はカスター中佐率いる騎兵隊を全滅に追い込んでいる。

ただ、合衆国の力と狡猾さにスー族は勝てなかった。合衆国が、スー族が大切にしているバッファローを狩りはじめると、スー族は食料源を失う。クレイジー・ホースは捕らえられ、殺害された。精神的指導者でもあるシッティング・ブルはカナダに希望を見いだそうとしたが、カナダで殺害されている。

サウスダコタ州に残ったインディアンは、新たな居留地に押し込められるが、第二次世界大戦ののち、インディアンの権利を回復しようという運動がはじまる。1973年には、過激化した組織「アメリカ・インディアン運動」が、「スー国家」の独立を宣言して、蜂起に及んでもいる。

現在、サウスダコタ州では、インディアンは人口の8・5%ほどを占める。彼らは居留地で生活しているが、居留地は農業に適さず、彼らは貧しく、その生活は荒れ果てている。

㉞ネブラスカ州
州議会が唯一、一院制の州

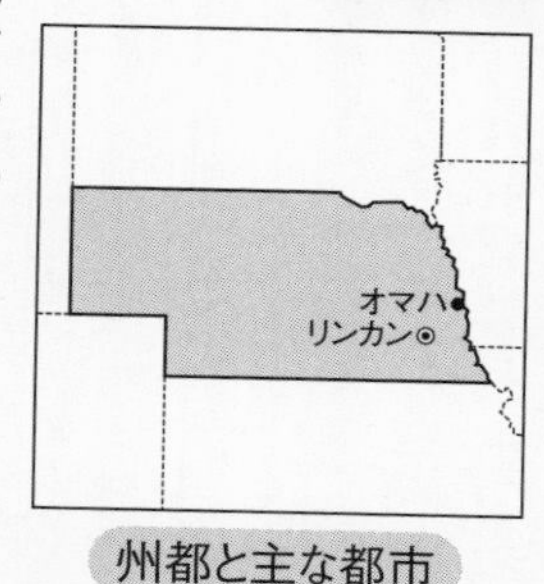

州都と主な都市

▼面積と人口　ベラルーシほどの州面積

ネブラスカ州の面積は20万520㎢。ベラルーシ（白ロシア）よりも、わずかに小さい程度の大きな州だ。人口は200万人弱でしかなく、全州で37位となっている。

▼地勢と気候　降水量が少ない内陸州

アメリカ中央部に位置する内陸州である。グレート・プレーンズと呼ばれる大平原が広がる。州の東端を流れるミズーリ川は、アイオワ州、ミズーリ州との州境にもなっている。内陸性気候下にあり、春と秋は比較的短い。もともとは農業に不向きなくらい降水量が少ない。南には、兄弟州ともいえるカンザス州がある。

▼歴史　19世紀には西部開拓の玄関口として機能した

かつてはフランスの築いた広大な大ルイジアナ植民地の一部だったが、合衆国が買い取った。19世紀、西部開拓がさかんな時代は、その玄関口ともなっている。それは、先住者であるインディアンとの戦いでもあり、白人はインディアンを追い出して支配を固めている。合衆国37番目の州。

▼政治風土　共和党の優勢が続く

1968年以来、共和党が連勝を続けている。ただし、都市部では民主党支持が強い。

▼名産と名所　高級ブランド牛「オマハ牛」は、全米で有名

トウモロコシや大豆などの農業が基幹（きかん）。牛の牧畜（ぼくちく）もさかんであり、「オマハ牛」は高級ブランド牛として全米にその名を轟（とどろ）かせている。そのため、「牛肉の州」、もしくは「コーンハスカー（トウモロコシの皮むき）の州」とのあだ名もある。精肉業に関しては、1950年代に一時的にシカゴを抜き、全米の中心地に躍り出たこともある。近年では、バイオ関連の産業も脚光（きゃっこう）を浴びている。

●「西部への玄関口」として栄えたオマハ

ネブラスカ州最大の都市オマハに本拠を置くのは、ユニオン・パシフィック鉄道だ。全米最大規模の貨物鉄道会社であり、1862年の創立だ。

ユニオン・パシフィック鉄道がオマハに本拠を置いたのは、オマハがちょうど全

米の中心、東西交通の要衝と見られたからだ。とくに19世紀、西部開拓がさかんだった時代、オマハは東部の住人にとって「西部への玄関口」でもあったのだ。

その「西部への玄関口」であったネブラスカ州は、いまは農業で栄えているのだが、もともとは不毛の地であった。内陸性気候のため、降雨が少なかったからだ。

これを変えたのが、州の東端を流れるミズーリ川を利用しての灌漑であった。ミズーリ川の利用が、ネブラスカ州を変えたのだ。

ネブラスカ州の議会は、一院制であることでも知られる。全米唯一であり、すみやかな政策の決定ができる。

●「オマハの賢人」ウォーレン・バフェット

現在、ネブラスカ州でもっとも有名な人物といえば、世界的な投資家であるウォーレン・バフェットだろう。百戦錬磨、無敵の投資家バフェットがこよなく愛しているのが、出生の地オマハであり、彼は「オマハの賢人」と称されている。

バフェットはオマハで育ち、地元のネブラスカ大学を卒業、コロンビア大学で投資を学んだのち、オマハに戻り、父の証券会社で働くようになる。以後、バフェットはオマハで投資の極意を習得、持株会社バークシャー・ハサウェイを率いて、世界的な投資家に成長していく。バークシャー・ハサウェイは、もともと紡績会社だったが、バフェットによってオマハを代表する世界企業にもなっている。

バフェットは、極端な偏食家としても知られる。独特の価値観の持ち主の彼が偏愛したのは、生まれ故郷のオマハだったということだろう。

ネブラスカ州が生んだ賢人といえば、バフェットのほかに第38代大統領となったジェラルド・フォードがいる。1974年、現職大統領として初めて日本を訪問し、その紳士ぶりから日本人に愛された。黒人解放の指導者マルコムXもまた、同州の生まれである。

●州都リンカンの名は第16代大統領に由来

ネブラスカ州の州都は、最大の街オマハではなく、オマハの西南に位置するリンカンとなっている。オマハがあまりに東に寄りすぎているため、もともとは小さな村だったこの地に州都としての白羽の矢が立った。当時はランカスター村といったが、1867年にリンカンに改名している。第16代大統領リンカンの名にちなむものであり、リンカン暗殺後、彼の偉業を讃えるため、リンカンの名が付けられている。全米にはいくつかのリンカンという街があるが、その中で最大である。

㉟ カンザス州
カウボーイ好きが集まる「小麦の州」

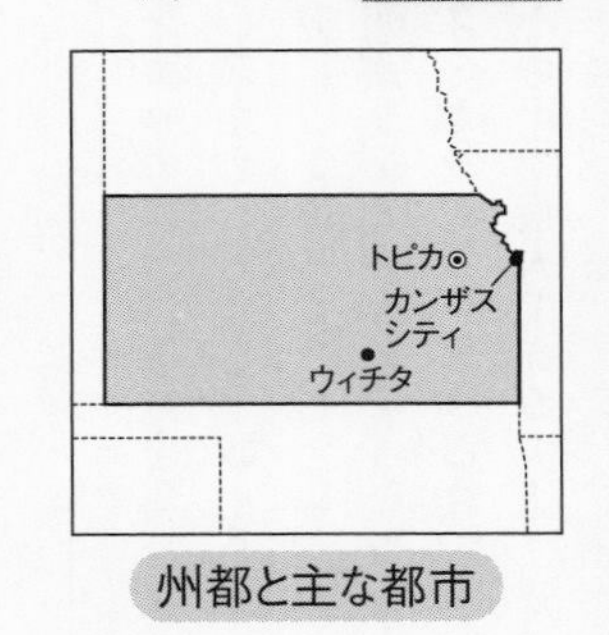

州都と主な都市

▼面積と人口　日本の本州と同じくらいの広さの州
カンザス州の面積は、21万3100㎢。日本の本州と同じくらいの大きさだ。人口は300万人弱。

▼地勢と気候　大平原が広がる内陸州
アメリカ中央に位置する内陸州。グレート・プレーンズと呼ばれる大平原地帯が広がり、山らしい山はない。内陸性気候下、寒暖の差が大きい。州の南東部では、竜巻がよく発生する。その破壊力は凄(すさ)まじく、時に家を吹き飛ばす。メキシコ湾から流れ込んだ暖かく湿った空気が、乾いた風とぶつかるのが原因だ。

▼歴史　インディアンとの戦いで支配した地
フランスの築きあげた大ルイジアナ植民地の一部であったが、19世紀に合衆国に売却されている。その後、合衆国は探検隊をこの地に送るが、そこは実質、長らくインディアンの土地であった。インディアンとの戦いに勝つことで、白人支配が確

立される。

▼**政治風土**　共和党の堅固な地盤

農業州によくある傾向として、共和党が優勢である。ただ党よりも、人で選ぶ傾向がある。

▼**名産と名所**　小麦が名産で、西部開拓時代の史跡も多く残る

小麦、トウモロコシ、大豆などの農業が基幹。牛や豚の畜産もさかんだ。

その一方、農業州でありながら、州内の都市ウィチタは、小型航空産業の集積地となっている。「セスナ機」で知られるセスナ社の本社、そしてビーチクラフト社の本社もここにある。

セスナ社やビーチクラフト社がウィチタに本拠を置いたのは、1920年代後半から1930年代前半にかけてだ。創業者たちは、ウィチタを「世界の空の都」にすることを夢見ていた。カンザス州は全米の中心にあたり、カンザスを中心とした航空化戦略があったのかもしれない。

カンザス州の観光名所には、州中央部からやや南西にあるダッジシティ（ドッジシティ）がある。かつて牛の売買で栄え、牛泥棒やハンターの吹き溜（だ）まりともなった。そのため無法地帯とも化し、ガンマンたちが多かった。映画『荒野の決闘』で

知られるワイアット・アープも、ここの保安官であった。現在は、西部開拓時代の史跡も残り、カウボーイ好きの観光客が集まる。

●カンザス州を「世界のパン籠」にしたドイツ系移民

カンザス州は、全米屈指の小麦生産量を誇り、そこから「世界のパン籠（かご）」とも呼ばれる。けれども、その昔、カンザス州は荒れ果てた地であった。食料源となったのはバッファローの肉くらいしかなかった。少数のインディアンならこれで十分に生きていけたが、白人にとって食料不足は明らかだった。そのため、カンザス州への移民は難しかった。

そのカンザス州の大平原を豊かな穀倉（こくそう）地帯としたのは、ドイツ系移民たちである。彼らは鉄道建設のために移民してきたのだが、その際、本国から赤い冬小麦を持参していた。その小麦を植えはじめたところから、カンザス州の農業は発展していったのである。

カンザス州出身の有名人といえば、第34代大統領のドワイト・D・アイゼンハワーである。すぐれた軍人でもあり、第二次世界大戦では、ドイツ軍を追い詰めた司令官であった。

㊱ オクラホマ州
先住民が最も多く住む「赤い人」の地

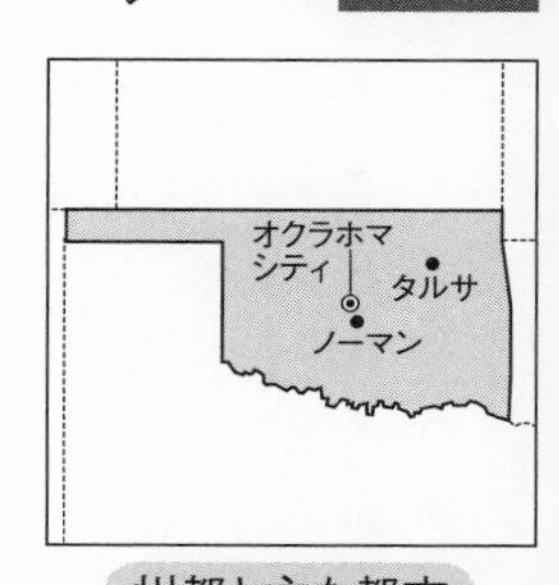

州都と主な都市

▼面積と人口　面積はカンボジアとほぼ同じ

オクラホマ州の面積は、18万1195㎢。インドシナ半島のカンボジアとほぼ同じ面積である。人口は、400万人強である。

▼地勢と気候　中西部では強力な竜巻が発生する

アメリカ中南部に位置する内陸州である。グレート・プレーンズと呼ばれる大平原が広がる。州の中央をカナディアン川が流れ、州の東部でアーカンザス川と合流している。内陸性気候下にあり、寒暖の差が大きい。中西部には竜巻がよく発生し、それも強力な竜巻が起きやすい。

▼歴史　先住民たちの強制移住先であった

フランスの築いた大ルイジアナ植民地の一部であったが、19世紀初頭、合衆国が買い受ける。合衆国は、この地をインディアンの強制移住地とし、東部にあったインディアンたちをこの地まで追い、その後、白人も移住している。州名「オクラホマ」は、インディアンの言葉で「赤い人」を意味する。

▼政治風土　現在は共和党が優勢

多くの農業州と同じく、共和党が優勢。かつては民主党が強かったが、完全に逆転している。

▼名産と名所　世界最大の牛の家畜市場がある

石油や天然ガスといったエネルギー産業に特色がある。小麦、トウモロコシの栽培もさかんで、牛、豚の畜産業も発達している。

州都オクラホマシティは家畜の集散地であり、「オクラホマ国立家畜市場（ストックヤード）」がある。同所は世界最大の牛取引所となっている。

●インディアンと白人との共存までの苦難の歴史

オクラホマ州は、インディアン人口の最も多い州だ。およそ65部族、およそ27万人が居住し、州の人口の8％を占めている。彼らは、白人と共存している。州の旗には、インディアンの習俗があしらわれ、そこにはインディアンへのリスペクトがある。

オクラホマ州でインディアンと白人が共存するまでには、インディアンたちの苦難の歴史がある。現在、この地に住むインディアンのルーツの多くはこの地にはなく、アメリカ東部に故郷がある。1830年、合衆国政府がインディアン強制移住法を制定すると、チェロキー族やチョクトー族ら東部にあったインディアンたちは、強制的にオクラホマへ移住させられたのだ。

その後、合衆国政府は、白人にもオクラホマへの移住を認めるようになる。白人とインディアンは対立、そこにはインディアンの虐殺事件もあった。インディアンはオクラホマに独立したインディアンの州を求めたが、結局は共存することになったのだ。その共存はインディアンにとって過酷なものであったこともたしかだ。

オクラホマ州の現代史の中で忘れられないのが、1995年に州都オクラホマシティで起きたオクラホマシティ連邦政府ビル爆破事件である。爆発によって、168人が死亡、800人以上が負傷したテロ事件だ。

犯人が、元陸軍の軍人であったことに、全米がショックを受けた。退役後の処遇に不満を募(つの)らせての犯行といわれる。2001年の全米同時多発テロ事件が発生するまでは、全米で最悪のテロ事件と記憶されている。廃墟(はいきょ)となったビルの跡地は、現在、慰霊公園が整備されている。

㊲ テキサス州
経済力・人口・面積が全米第2位の巨大州

▼面積と人口　面積も、人口も全米第2位

テキサス州の面積は、69万６２４１㎢にもなる。これは、日本の2倍近くに相当する面積だ。アラスカ州に次いで全米で2番目に大きな州であり、アメリカ本土では一番の広さだ。人口は３０００万人程度で、これはカリフォルニア州に次いで全米第2位である。

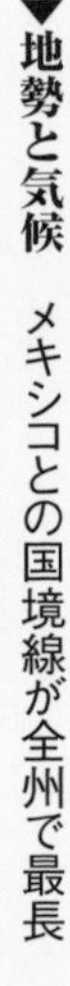

▼地勢と気候　メキシコとの国境線が全州で最長

アメリカの南部に位置し、州の南はメキシコ湾岸となる。リオグランデ川を挟んで、メキシコと接している。メキシコとの国境線が最も長い州でもある。州の東部は平野だが、州の西部は山地となる。メキシコ湾岸地域は、亜熱帯気候にある。州の北は内陸性気候。

▼歴史　メキシコ領を経たのち、合衆国に吸収される

テキサスに最初の植民地を築いたのは、スペインである。その後、メキシコの独

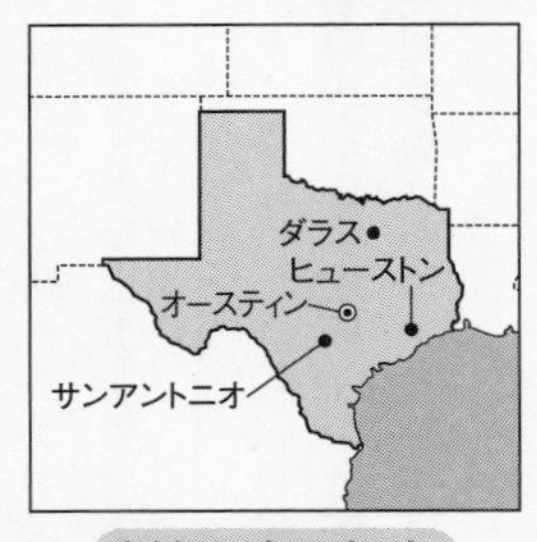

州都と主な都市

立とともにメキシコ領となったが、1836年、メキシコから独立を宣言、「テキサス共和国」となる。このテキサス共和国が合衆国に吸収されて、テキサス州となった。アメリカ28番目の州である。

▼政治風土　共和党優勢だが都市部では民主党支持も

かつては民主党が強かったが、今は共和党の牙城(がじょう)になっている。保守的な気質が大きい。ただ近年はヒスパニックが流入し、都市部では民主党も盛り返している。

▼名産と名所　大都市ダラスはケネディが暗殺された地

石油、石油化学産業によって発展してきた州だが、ハイテク産業、宇宙関連産業、医療産業も州を引っ張る存在になっている。伝統的な農業、牛、山羊(やぎ)、羊などの牧(ぼく)畜(ちく)業もさかんだ。

また、州内屈指の大都市ダラスといえば、第35代大統領のジョン・F・ケネディが暗殺された街として知られる。

テキサス州は、もともと政府への反感が強い州だ。加えて、当時テキサス州の民主党内部では対立があった。これを憂慮(ゆうりよ)したリンドン・ジョンソン副大統領の要請(ようせい)によって、ケネディはダラスを訪れ、1963年11月22日に行なわれたパレードの最中に殺されてしまったのである。

●進取の気風が生んだ全米第2位の経済力

テキサス州は、その面積、人口ともに全米第2位である。さらには、経済力でもそうだ。個人所得総額において、カリフォルニア州に次いで全米第2位である。

テキサス州の経済を発展させたのは、長い間石油産業であった。1901年、スピンドルトップで油田（ゆでん）が発見されたのち、テキサス州は石油州となり、一時は年産10億バレルを上回った。アメリカの有力石油会社は、テキサス州に本拠を構えるようになった。テキサス州1州で、旧ソ連、サウジアラビア、メキシコに次ぐ世界第4位の座にあったのだ。

第41代大統領となったジョージ・ブッシュ（父）は、テキサスの石油産業でのし上がった人物だ。彼は、もともとはテキサス人ではない。東部のマサチューセッツ州の出身で、ハーバード大学大学院を出た東部エスタブリッシュメントの1人だ。けれども、彼はテキサス州で苦労して、ビジネスをなした。そのため、テキサス州ではテキサス人のように思われている。子のブッシュは、テキサス育ちであり、テキサス州知事を経（へ）て、大統領となっている。

ただ、1970年代の石油危機以降、テキサス州の石油産業は頭打ちとなる。代わって、ハイテク産業や軍事・宇宙産業へとシフトし、新たな経済の柱になっていった。

アメリカの通信大手「AT&T」、世界的な半導体メーカーである「テキサス・インスツルメンツ」は州内のダラスに本社を置いている。コンピュータ・テクノロジーで名高い「デル」もまた、テキサス州内に本社を置く。清涼飲料で知られる「ミニッツメイド」も、テキサスの企業である。

さらには航空会社もテキサスを拠点としている。世界的大手の「アメリカン航空」は州内のフォートワースに、格安航空の雄とされる「サウスウエスト航空」は州内のダラスに本社を置いている。

また、州内のヒューストンは、合衆国の宇宙開発を担った都市として知られる。アメリカ航空宇宙局（NASA）のジョンソン宇宙センターが市の郊外にあり、同市は「スペース・シティ」とも呼ばれている。アポロ計画、スペースシャトル計画の根拠地であり、ヒューストンでは宇宙開発産業もさかんだ。

テキサス州の経済が活発なのは、住人たちに進取の気風があるからだとされる。彼らは細かいことにとらわれず、大胆に物事を処理しようとする。彼らの気質は、発展するビジネスに適していたのだ。

もう1つ、テキサス州の住人は、信心深く、かつ教育熱心だ。テキサス州には、宗教系大学と教員養成大学が集中する。その集中度は世界でも類を見ないとされ、その宗教精神と教育熱がテキサス州の住人を野心的にしているのだ。

テキサス州の経済が進展し、経済レベルが高まるにつれて、「大きいことはいいこと」という意識も強まる。もともと、面積が広く人口の多いテキサス州では、大きいこと自慢が多い。これに拍車をかけているのが、その巨大な経済力なのだ。

●日本のN700系を導入するテキサス新幹線

アメリカは「クルマ大国」だが、先進的な州では鉄道の充実にも力を入れている。すでにアメリカ東部には「アセラ・エクスプレス」、フロリダ州には「ブライトライン」という高速鉄道が運行しているが、テキサス州もこれに追随するように、２０２６年に向けて、高速鉄道「テキサス・セントラル・レイルウェイ」の開業を急いでいる。

高速鉄道が完成するなら、州内のダラスとヒューストン間３８０キロを1時間30分で結ぶことになる。同高速鉄道の特色は日本の新幹線方式の採用であり、新幹線Ｎ７００系の改良版を導入するという。ＪＲ東海も、テキサスの高速鉄道を支援する方向にある。

●移民に手厳しいアボット知事

2015年からテキサス州の知事は、共和党のアボットが務めている。20代で下半身麻痺（まひ）の障害を負ったアボット知事は、車椅子で業務をこなしている。彼はテキサス州ウィチタフォールズに生まれ、テキサス大学オースティン校を経て法曹界（ほうそうかい）にはいり、テキサス州司法長官の実績をもとに、知事に当選した。テキサス一筋で生きてきた知事でもある。

アボットは、レーガンやトランプといった歴代大統領にも通じる、保守的な政治家である。逆にいえば、アメリカのリベラルな政治思想に対しては敵対的だ。アメリカではLGBT（性的少数者）を寛容に受け入れる政治家が多いが、彼はLGBTに否定的である。

気候変動の科学的合意も否定し、環境問題にも冷ややかだ。新型コロナ禍にあって、アボットのテキサス州はバイデン政権の意向を無視して、市民の行動を制限するのではなく、自己責任の問題であるとした。

なによりアボットは、移民に対して否定的である。アメリカ内でメキシコと接する州は、メキシコからの不法移民問題を抱えている。テキサス州もそうで、メキシコからの不法移民の対処に追われてきた。アボット知事はトランプ政権のもとで生まれた新たな規則をもとに難民の定住を拒否し、警察には不法移民の逮捕を命じている。

さらに、アボット知事はテキサス州に流入した不法移民を東部のワシントンやニューヨークに「転送」してしまっている。そこには、テキサス州と東部の州の政治家の移民に対する「温度差」がある。豊かな東部の州は、移民が直接には入りにくいため、移民問題を実感できず、移民に寛容になりやすい。一方、テキサス州にとって移民問題は、もともとの住人の仕事を奪う、失業問題と直結する大問題である。アボットは、バイデン政権や東部の州に移民問題の難しさをわからせようと、嫌がらせのように移民を「転送」しているのだ。

このアボット知事の手法に追随しているのが、同じ共和党のフロリダ州知事デサンテスだ。彼もまたフロリダに入った移民を東部のマサチューセッツ州のマーサズヴィンヤード島に「転送」している。

移民問題に関しては、アボット知事の個性もあろうが、テキサス州の独立精神の強さも絡(から)んでいるだろう。政治の中心である東部の州とテキサス州とでは、環境が違うから、考え方も違う。テキサス州は独自の考えを持ち、ワシントンの政権に安易には従わない傾向があるのだ。

㊳ モンタナ州
ロッキー山脈が貫く、自然豊かな「大空の州」

▼面積と人口　面積が広いが、人口は少ない

モンタナ州の面積は、38万1154㎢。全米4位の大きさであり、日本よりもやや広い。人口は112万人程度で、全米44位。必然的に人口密度は低い。

▼地勢と気候　西部は山が多く、東部は大平原が広がる

アメリカ西北部の内陸州。北ではカナダと国境を接する。州の中央を南北に貫くのはロッキー山脈だ。モンタナは、スペイン語で「山」の意味であり、州西部はその名のとおり山が多い。

その一方、東部は、グレート・プレーンズと呼ばれる乾燥した大平原が広がっている。青空が大きく広がることから「大空の州」の名も。

西部は北太平洋の海洋の影響を受け、冬は暖かく夏は涼(すず)しい。一方、東部は大陸性気候で寒暖差が激しく、降雨量が少ない。

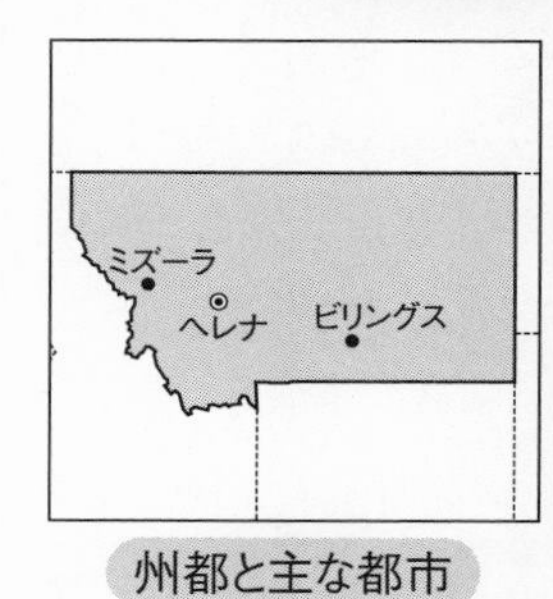

州都と主な都市

▼歴史　アメリカ合衆国41番目の州
フランスの探検隊が18世紀にこの地に入り、以後フランスの大ルイジアナ植民地の1つとなる。その後、1803年のナポレオンによるルイジアナ売却に伴い、アメリカの一部になった。1809年から入植がはじまり、1889年に41番目の州になった。

▼政治風土　現在は共和党が優勢
もともと2大政党が競合する州だったが、現在は共和党が強くなっている。

▼名産と名所　世界最古の国立公園を有す
「宝の州」という呼び名もあるほど、資源が豊富。州都ヘレナは、砂金によって発展した。また石炭は、全米に400年以上供給できる埋蔵(まいぞう)量を誇る。ほかに銅や亜鉛、石油、天然ガスなども豊富。

モンタナ州最大の名所といえば、州中央南部にある世界遺産のイエローストーン国立公園だ。巨大な間欠泉(かんけつせん)があり、数多くの野生動物が生息(せいそく)する、世界最古の国立公園である。公園は、ワイオミング州、アイダホ州にもまたがっており、公園への5つの入り口のうち、3つは同州にある。

同州には、ほかに氷河で有名なグレイシャー国立公園もある。

●インディアンとの古戦場「リトルビッグホーン国立記念戦場」

モンタナ州は、リトルビッグホーンの戦いの地としても知られる。1876年、州南東部にあるリトルビッグホーン川のほとりで、ジョージ・カスター将軍率いる第7騎兵隊が、インディアンのスー族、シャイアン族、アラパホ族に奇襲を仕掛けた。ところが、返り討ち(う)にあい、全滅した戦いだ。

リトルビッグホーンの戦いは、当時インディアンの卑劣(ひれつ)な奇襲(きしゅう)や虐殺(ぎゃくさつ)によるものとされていた。カスター将軍は悲劇の英雄にまでまつりあげられ、その後の合衆国政府によるインディアンの無差別殺戮(さつりく)の理由にもなった。しかし、近年はインディアンの堂々たる勝利という見方がなされ、アメリカの歴史は塗り替えられている。

リトルビッグホーンの地は、かつて「カスター国立記念戦場」と呼ばれていた。これに対して1960年代あたりから、見直しと抗議の声が上がる。1991年にアメリカ議会は要求を受け入れ、「リトルビッグホーン国立記念戦場」と改名することを決議。さらに2003年に「リトルビッグホーン戦場記念碑」と「インディアン記念碑」が建立された。

現在、モンタナ州では、インディアンは人口のおよそ6%を占めている。今やインディアンにとって、歴史の誇りともなる州だ。

㊴ ワイオミング州
女性の権利を尊重する「平等の州」

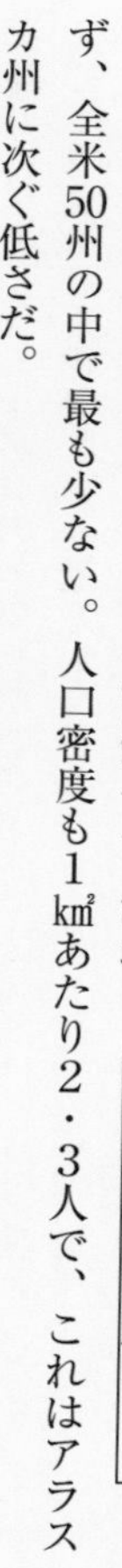

州都と主な都市

▼面積と人口　全州で最も人口が少ない

ワイオミング州の面積は、25万3348㎢。本州よりも2万㎢以上広い州だ。人口は約58万人しかおらず、全米50州の中で最も少ない。人口密度も1㎢あたり2・3人で、これはアラスカ州に次ぐ低さだ。

▼地勢と気候　州西側にはロッキー山脈が横たわる

アメリカ北西部の内陸州。州の西にはロッキー山脈が横たわり、東側3分の1は、グレート・プレーンズと呼ばれる標高の高い平原地帯が広がる。ワイオミングの名は、「大平原」を意味するインディアンの言葉からとったものだ。

ワイオミング州は、コロラド州とともに長方形の形をした州である。緯線、経線が州境になっていて、全米で2州のみ、人工的な州境に取り囲まれている。

夏冬ともに寒暖差が激しく、夏は平均最高気温が30度を超える地域も多い。降水量は非常に少ない。

▼歴史　かつて10種族以上のインディアンがいた

かつて、この地には10種族以上のインディアンが暮らしていた。19世紀初頭、白人が足を踏み入れ、19世紀後半からモルモン教徒たちが入植していった。１８９０年に州に昇格し、アメリカで44番目の州となった。

▼政治風土　保守的で共和党が強い

伝統的に保守的な地域で、共和党が強い。選挙人の数は３人。

▼名産と名所　牛や羊の牧畜がさかん

石油、石炭、天然ガスなど地下資源が豊富で、鉱業(こうぎょう)が州経済の最大の柱になっている。乾燥地であるため農業には適さず、広大な土地を利用した牛や羊の放牧や牧(ぼく)草(そう)、大麦などの生産もさかん。約１００万頭に及ぶ家畜が飼育されている。同州の人口が約58万人だから、人間の倍近い家畜が同州に暮らしている格好だ。

最大の名所は、州北西部にある世界初の国立公園であるイエローストーン国立公園。アイダホ州、モンタナ州にも一部またがり、無数の間欠泉(かんけつせん)や温泉が散在する。グリズリーやアメリカバイソンなどの群れも、数多く生息している。

イエローストーン国立公園のすぐ南にあるグランドティトン国立公園は、アメリカで最も美しい国立公園といわれ、不朽の名作西部劇『シェーン』のラストシーンでも使われている。また州北東部にあるデビルスタワーと呼ばれる円柱形の岩山は、ＳＦ映画『未知との遭遇』で宇宙船の着陸シーンに使われたことで有名。

●大陸間弾道ミサイル基地のある州都シャイアン

全米で最も人口の少ないワイオミング州の州都シャイアンの人口は、およそ7万人程度である。シャイアンは「大草原の不思議な街」とも呼ばれるが、その名はこの地に住んでいたインディアンのシャイアン族に由来する。

シャイアンはインディアンゆかりの街でありながら、売りはカウボーイの街であるところだ。毎年夏には、世界最大級のロデオのイベントであるシャイアン・フロンティア・デイズが開催されている。期間中にはパレードやカントリーミュージックのライブなどがある。

州都シャイアンには、アメリカ軍の重要な軍事基地もある。フランシス・Ｅ・ワーレン空軍基地であり、大陸間弾道ミサイル「ミニットマンⅢ」が地下の基地内に収容されている。アメリカが核戦争に突入するとき、シャイアンは敵基地を破壊する強力な槍となる。

㊵ コロラド州
かつて五輪開催を返上した「山の州」

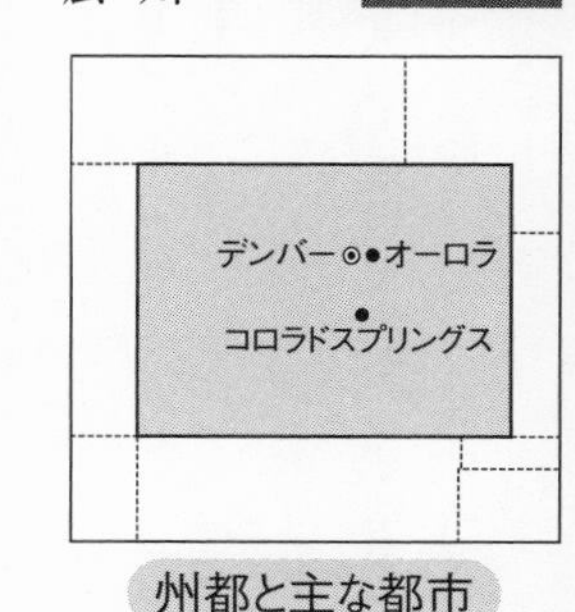

州都と主な都市

▼面積と人口　面積は全米で8位

コロラド州の面積は、26万9837㎢。日本の本州よりも4万㎢も大きく、アフリカのルワンダ並みの広さ。全米では8位。人口は584万人程度。

▼地勢と気候　全米一の平均標高を誇る

アメリカ中西部の内陸州。州の西側にはロッキー山脈があり、海抜1500〜3350mのコロラド高原が広がる。

東側はグレート・プレーンズと呼ばれる海抜1000〜2000mの大平原が広がる。州の平均標高は2073mで、全米一を誇る。

完全な長方形の形をした州であり、州の境界線は緯線と経線のみで囲まれている。ここまで人工的な形の州は、コロラド州とワイオミング州のみだ。

気候は比較的、四季がはっきりしている。

▼歴史　東側はフランスから購入、西側はメキシコから割譲された

コロラド州には1万年以上前から、アメリカインディアンが住んでいた。16世紀後半にスペイン人が訪れ、この地を「コロラド（スペイン語で「赤い水」）」と名付けている。コロラド川の水が赤褐色（せきかっしょく）に澱（よど）んでいたところからだ。

その後、フランスやスペインの勢力圏となっていたが、1803年、州の東側をフランスから買い取った。残る西側は、1848年にスペインから独立したメキシコから割譲（かつじょう）された。

▼政治風土　激戦州だが、近年は民主党が4連勝

1858年にパイクスピーク山で金が発見されるとゴールドラッシュが起こり、現在の州都デンバーが鉱業（こうぎょう）の町として栄えだす。合衆国38番目の州。

2大政党が拮抗する激戦州（スイング・ステート）の1つ。共和党のブッシュ（子）の勝利ののちは、2008年から民主党の4連勝になっている。

▼名産と名所　先住民の遺跡が残るメサヴェルデ国立公園

農業や畜産、鉱業のほか、近年は冷涼（れいりょう）で乾燥した空気の土地柄を活かし、エレクトロニクスや半導体産業もさかん。メサヴェルデ国立公園には、先住民のプエブロ族が築いた膨大（ぼうだい）な遺跡が保存されている。

●地方紙の雄「デンバー・ポスト」買収に見るデンバーの未来

コロラド州の州都デンバーは、「マイル・ハイ・シティ」とよく呼ばれる。全米一の標高を誇るコロラド州にあって、デンバーはちょうど1マイル（約1600メートル）の高さにあるからだ。

その「マイル・ハイ・シティ」という愛称には、デンバー人の独自性、進取的な気質も表れている。デンバーは、かつて冬季オリンピックの開催が決定しながらも、住人の反対運動により、開催を返上してしまった過去を持つ。デンバーの住人は、五輪の名誉よりも無駄遣いをやめることを選択したのだ。また、コロラド州は全米で初めて人工避妊中絶法を定めてもいる。

そんなデンバーの自主独立を毀損しそうな事件となったのが、デンバーの地方紙「デンバー・ポスト」の買収事件だ。全米で新聞文化が廃れていく中、「デンバー・ポスト」は地方紙の雄のようにいわれてきた。有能な若手は「デンバー・ポスト」で腕を磨いたのち、東部の名門メディアにも転身してきた。その「デンバー・ポスト」が「ハゲタカ」視されるヘッジファンド「オールデン・グローバル・キャピタル」に買収されてしまったのだ。

すでに同ヘッジファンドは、「シカゴ・トリビューン」紙も買収し、全米のメデイアを侵食してきた。そして、地方紙の雄「デンバー・ポスト」にも手を伸ばしたのである。買収後、「デンバー・ポスト」内では大規模なリストラ、経費削減の嵐が吹き荒れ、「デンバー・ポスト」の取材力を奪っている。これに怒ったスタッフたちは「デンバー・ポスト」の記事では、自社のオーナーを「ハゲタカ」呼ばわりまでして厳しく糾弾もしている。「デンバー・ポスト」は混乱し続け、デンバーの独自性が揺らぐ事態となっている。

●商用空港としては全米最大のデンバー国際空港

デンバー国際空港は、商用空港として全米最大である。6本もの滑走路を持ち、その敷地面積1万3570ヘクタールは、アメリカ屈指の空港であるダラス・フォートワース国際空港のおよそ2倍にもなる。大手のユナイテッド航空とLCCのフロンティア航空は、同空港をハブとしている。敷地にはまだ余裕があり、将来的には12本の滑走路の運用が可能だという。

デンバー国際空港が、アメリカで重要なハブ空港となったのは、デンバーがアメリカの中心近くに位置しているからだ。どこに移動するにも便がよく、デンバーはハブとして魅力的だったのだ。

㊶ ニューメキシコ州
インディアンとメキシコの文化が濃い地

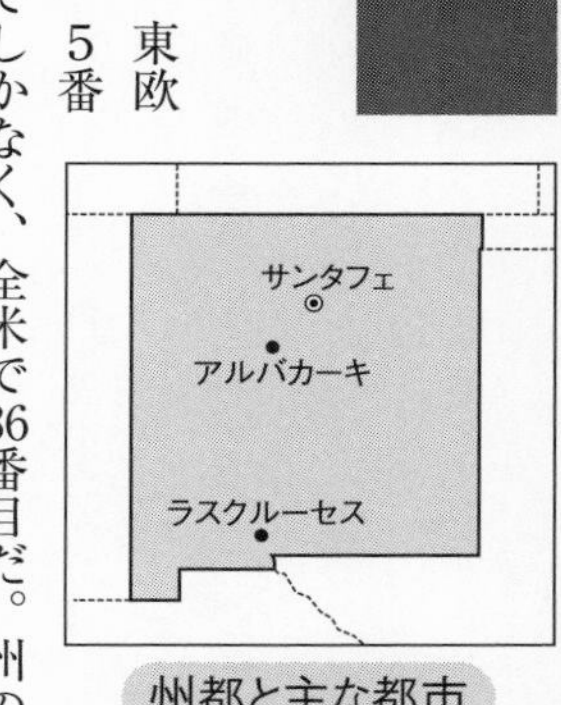

州都と主な都市

▼面積と人口　東欧ポーランドよりも大きい

ニューメキシコ州の人口は、31万5194㎢。東欧のポーランドよりも大きな州である。全米では、5番目の広さになる。人口はわずかに210万人強でしかなく、全米で36番目だ。州の人口密度は低い。

▼地勢と気候　山岳地帯が多く雨量の少ない内陸州

アメリカ南西部に位置する内陸州。ロッキー山脈の南端に位置し、山岳（さんがく）地帯が多い。州の南北をリオグランデ川が流れる。南では、メキシコと国境を接している。雨量の少ない州である。

▼歴史　米墨戦争勝利によりメキシコから割譲される

かつては、インディアンのプエブロ族の土地であったが、その後、スペインの植民地となる。16世紀、黄金都市（エル・ドラド）を求めていたスペイン人が入植しはじめ、彼らはこの地を「ヌエボ・メヒコ（新しいメキシコ）」と名付けた。この英語名が「ニューメキシコ」である。1610年にはサンタフェを都としているが、これはピルグリム・ファーザーズのプリマス到着よりも早い。サンタフェは、合衆国で最も古い都市の1つだ。

19世紀になると、メキシコのスペインからの独立に伴い、メキシコ領となる。だが、合衆国の拡張欲求は、この地にも及んだ。1848年、アメリカ・メキシコ（米墨（べいぼく））戦争にメキシコは敗北、ニューメキシコをアメリカに割譲（かつじょう）した。のちに合衆国47番目の州となる。

▼政治風土　ヒスパニック流入で民主党優位に

激戦州（スイング・ステート）の1州だが、近年は民主党が優勢である。2004年の選挙でこそ、共和党のブッシュ（子）が勝利したものの、以後、民主党の連勝。2020年の選挙でも、民主党のバイデンが制している。流入するヒスパニックが、民主党を新たに支持している。

▼名物と名所　唐辛子を使ったニューメキシコ料理が名物

農業が基幹産業となっている。干し草や唐辛子などが名産。石油、天然ガスの資源産業、ウランや銅の鉱業もある。

食文化に関しては、先住のインディアンとスペイン人の文化が融合し、ニューメキシコ料理となっている。暑さの厳しい土地柄、ニューメキシコ・チリという唐辛子を取り入れている。青い唐辛子を使ったソース、赤い唐辛子を使ったソースの双方があり、「青と赤、どっちにする？」が州でよく使われる質問だ。両方と答えるときは「クリスマス」という。

●スペイン語が実質、公用語？

ニューメキシコ州は、メキシコと接する州である。そのため、メキシコからスペイン語の話者であるヒスパニックも多く流入してきている。中には、不法移民もいるが、ヒスパニックの人口は、州人口の半数に迫ろうとしている。２０４５年ごろには、ヒスパニックの人口が半分を超えるという推定もある。

そんなわけで、ニューメキシコ州内では、スペイン語が飛び交う。スペイン語は、実質、公用語化しつつあり、選挙の投票用紙には、英語とスペイン語が表記されているほどだ。

また、インディアンのアパッチ族の故郷であるように、インディアンの比率も比較的高い。インディアンの比率は、州人口のおよそ1割だ。

●不毛地帯の多さを活かし、軍事大国アメリカを支える

ニューメキシコ州は、世界最強の軍事大国アメリカを支える要(かなめ)でもある。この地で世界初の核実験がなされ、さらには現在、この地にアメリカ最大の軍事施設が設(もう)けられているからだ。

具体的には、州南部にあるアラモゴード砂漠である。1945年7月、日米戦争下、日本の敗戦が迫る中、アメリカ軍はこの砂漠の一角で原子爆弾を組み立て、爆発実験を行なっている。

実験によって核爆弾の威力は半ば(なか)証明され、翌8月、アメリカ軍は日本の広島、長崎に原爆を投下し、日本の敗北を決定的にしている。

史上初の核実験にアラモゴード砂漠が選ばれたのは、この地が不毛であることにあった。ニューメキシコ州は広大な一方、水に乏(とぼ)しいため、無人地帯が多い。ゆえに、広域に被害を出しかねない軍事実験に目をつけられたのである。

その後、アラモゴード砂漠と周辺地帯は、アメリカのミサイル実験場となっている。その名をホワイトサンズ・ミサイル実験場といい、この地が白い砂丘地帯であったことに由来する。実験場の広さは8000㎢にもなり、これは日本の兵庫県とほぼ同じ大きさになる。

㊷アイダホ州
ポテト州からハイテク産業州へ変貌中

州都と主な都市

▼面積と人口 面積は日本の本州よりやや小さい

アイダホ州の面積は、21万6632㎢。本州よりやや小さいくらいの広さだ。人口は184万人程度。

▼地勢と気候 ロッキー山脈の西にある内陸州

アメリカ北西部に位置する内陸州。ロッキー山脈の西側にあり、北ではカナダと接する。西には、西海岸のワシントン州、オレゴン州がある。州の南部には、スネーク川に沿った平原地帯もある。

気候は比較的温和だが、北の山岳地帯の冬は厳しい寒さになる。

▼歴史 金が発見されたことでアメリカが確保

ロッキー山脈の西側は、かつて「オレゴン・カントリー」とも呼ばれ、アメリカ、イギリス、フランス、ロシア、スペインが狙った地でもあった。そうした中、1860年代、アイダホで金が発見されると、ゴールド・ラッシュがはじまり、多くのアメリカ人が入植した。入植によって、アメリカはアイダホを確保し、１８９０年に43番目の州とした。

また州の南部は、南のユタ州から移住したモルモン教徒たちが開拓している。

▼政治風土　共和党支持が圧倒的
共和党が完全に優勢だ。その歴史の中で、民主党の勝利は１９５２年のわずか１回だけである。

▼名産と名所　全米一の深さを誇るヘルズキャニオン
オレゴン州との境にあるヘルズキャニオンは、全米で最も深い峡谷（きょうこく）だ。その最深部は２４３６ｍにもなり、有名なグランドキャニオンを上回る。

●モルモン教徒が栽培をはじめたジャガイモが世界を席巻

アイダホといえば、アイダホポテトである。アイダホポテトは、ほくほくして上品な味わいがあるとの定評があり、スナック菓子にもアイダホ産ポテトがよく使われている。

実際、アイダホ州のジャガイモ生産高は、全米屈指である。アイダホ州でジャガイモを栽培しているのは、州の南部、スネーク川に沿った「オレアイダ」といわれる地帯だ。スネーク川からの灌漑(かんがい)によって、ジャガイモの栽培が成り立っている。オレアイダで最初にジャガイモ栽培をはじめたのは南からやって来たモルモン教徒たちだが、やがて大規模栽培がはじまっていく。

そうした中登場したのが、「J・R・シンプロット」である。州都ボイシに本社を置くシンプロットは、冷凍ポテト工場を建設、ポテトの保存に成功。第二次世界大戦では、アメリカ兵の食料としてポテトを供給し、拡大していった。

その後、シンプロットは、フライドポテトの冷凍工場を建設、フライドポテトをマクドナルドに提供するようになった。こうしてマクドナルドが世界を制していくにつれて、シンプロットのアイダホポテトも世界に浸透(しんとう)し、愛されるようになったのだ。つまり、アイダホポテトを世界化したのは、マクドナルドだったのだ。

アイダホ州都のボイシには、シンプロットとともにもう1つの世界的企業がある。半導体製造の「マイクロン・テクノロジ」である。シンプロットの創業者も出資した、DRAM(半導体メモリの一種)メーカーである。

マイクロン・テクノロジの成功もあって、アイダホ州には多くのハイテク産業が拠点を構えている。アイダホ州は、たんなるポテト州ではなく、ハイテク州に変貌(へんぼう)しつつあるのだ。

㊸ ユタ州
モルモン教徒が開拓した砂漠地帯

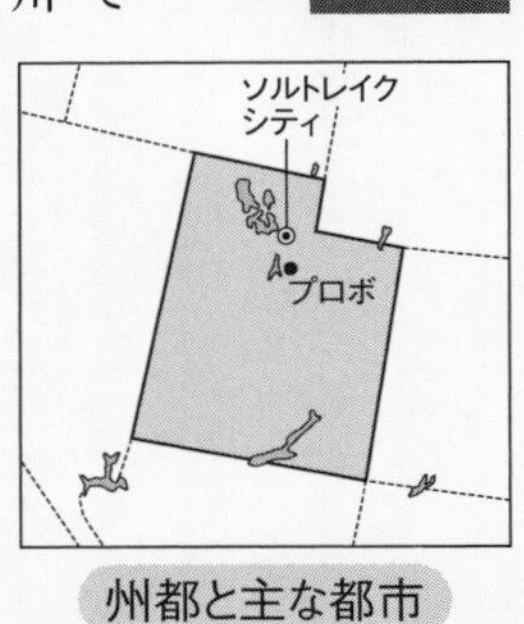

州都と主な都市

▼面積と人口　面積はイギリス本島と同程度

ユタ州の面積は、21万9887㎢。イギリス本島であるグレート・ブリテン島よりもわずかに大きな州だ。人口は338万人程度。

▼地勢と気候　塩分濃度の高い湖を有する内陸州

合衆国の中西部に位置する内陸州である。ロッキー山脈の西にあり、州の中央から南東部にかけて、「グレート・ベースン」と呼ばれる砂漠地帯が広がる。州の北にはグレートソルト湖があり、ミシシッピ川以西では最大の湖だ。その塩分濃度は27%にもなる。中東の死海に次いで塩分の濃い湖であり、海水よりも8倍濃い。

▼歴史　メキシコから割譲される前後から、モルモン教徒が流入

もともと居住していたのは、インディアンたちであり、州名はインディアンのユート（山の人）族に由来する。やがてスペイン人たちがこの地を訪れ、スペインか

ら独立したメキシコの領土となる。けれども、1846年からのアメリカとメキシコの戦争（米墨戦争）ののち、アメリカが譲り受けている。

これに前後して、モルモン教徒たちがこの地に移住をはじめ、現在までモルモン教徒の非常に多い州となっている。

▼政治風土　共和党の地盤

共和党が優勢にある。州の多くをなすモルモン教徒らは中立なのだが、彼らの禁欲的な生活態度は保守的な共和党と重なる。

▼名産と名所　土柱の立ち並ぶブライスキャニオン国立公園

観光州でもあり、州南部の砂岩地帯にはアーチーズ国立公園、ブライスキャニオン国立公園などがある。ブライスキャニオン国立公園は、数多くの土柱が立ち並ぶ奇観で知られる。

●迫害され流れ着いたモルモン教徒が州都を建設

ユタ州といえば、モルモン教徒の州である。モルモン教は正確には「末日聖徒イエス・キリスト教会」といい、キリスト教の一派である。ユタ州の人口のおよそ6割は、モルモン教徒たちだ。

モルモン教徒は、敬虔にして禁欲的であり、酒も飲まないし、たばこも吸わない。彼らは勤勉な開拓者であり、州都ソルトレイクシティを建設してきた。ソルトレイクシティでは、２００２年に冬季オリンピックも開催されている。

ただ、モルモン教徒たちがソルトレイクシティに安住するまでは、苦難の道があった。モルモン教は、１８３０年に教祖ジョセフ・スミスが東海岸で神の啓示を受けたところからはじまる。その後、モルモン教団は迫害を受けて、西へと向かう。彼らは独自の共同体をつくろうとして、地元の住民との軋轢を生みがちだった。加えて、彼らの一夫多妻制が受け入れられなかったのだ。

教祖であるジョセフ・スミスがイリノイ州で殺害されたのち、新たに教団を率いたのはブリガム・ヤングである。彼に率いられて教徒たちはイリノイ州からさらに西へと向かい、ロッキー山脈を越えた。彼らによって、ネヴァダ州のラスヴェガスも建設されるが、この大移動で根拠地となったのがソルトレイクシティだった。

ただ、その後も合衆国政府との軋轢があり、アメリカ陸軍相手の戦争も経験している。合衆国政府は、ユタを州に昇格しようともしなかった。モルモン教の一夫多妻制度を嫌悪していたからだが、モルモン教が一夫多妻制を禁止したところから、１８９６年に45番目の州に昇格させている。

㊹アリゾナ州
半導体産業の流入によって大躍進！

州都と主な都市

▼面積と人口　全米で6番目に大きな州

アリゾナ州の面積は、29万5253km²。全米で第6位にあり、本州と四国を足した面積よりも、広大である。人口は735万人を上回る。

▼地勢と気候　年間のほとんどが晴れている乾燥地帯

合衆国の西南部に位置する内陸州。ロッキー山脈以西にあり、南はメキシコと接する。西のコロラド川は、カリフォルニア州との州境になる。北部は険しい山地だが、ここに高名なグランドキャニオンがある。南部は、平野と丘陵地帯。乾燥した気候下にあり、年間約330日が晴天である。

▼歴史　合衆国加入48番目の州

もともとは、インディアンのアパッチ族やナバホ族の居住地であったが、17世紀にスペインが進出し、スペインの勢力下となる。その後、メキシコがスペインから独立すると、メキシコ領となる。１８４６年からのアメリカ・メキシコ（米墨）戦争を経て、アメリカに譲り渡されている。合衆国48番目の州。

▼政治風土　共和党優位だが、2020年には民主党のバイデンが勝利

共和党の優位が続いていたが、近年、民主党の勢いが強まっている。２０１６年の大統領選では、民主党のヒラリー・クリントンが接戦の末に敗北。２０２０年の大統領選では、民主党のバイデンが共和党のトランプを下している。州に新たに流入した層には、民主党の支持者が多いと見られる。

▼名産と名所　全米屈指の観光地グランドキャニオンとパワースポット

州最大の名所となっているのは、コロラド高原のグランドキャニオンだ。コロラド川の浸食によってできた峡谷であり、最深部で深さ１８００ｍもの谷がある。

また、近年、注目されているのがセドナである。州都フェニックスの北に位置し、赤い砂岩の岩山に囲まれた地だ。もとはインディアンのハバスパイ族の聖地であったが、近年、アメリカの住人たちもここを神秘の宿る「パワースポット」と認めはじめたのだ。いまや州内ではグランドキャニオンに次ぐ観光地であり、映画の撮影地もなっている。

セドナと似た「パワースポット」になりつつあるのが、アリゾナ州北部からユタ

州とまたがる「モニュメント・バレー」だ。岩山や台地が点在し、絶景を生み出している。もともとインディアンのナバホ族の聖地であり、いまもナバホ族の管轄のもと観光地と化している。

●全米第6位の人口を誇るフェニックスの発展

アリゾナ州は、ここ数十年で躍進著しい州である。2000年の人口は510万人程度であったが、約20年で人口は4割近く増加した。

その原動力となっているのが、州都フェニックスの進撃だ。フェニックスの人口は164万人を超え、今や全米第5位の人口を有する大都市だ。

フェニックスの発展の基幹となったのは、半導体産業である。乾燥した気候にあるフェニックスは、半導体の生産に適している。しかも、コロラド川の電源開発やフーヴァーダムによって、電力も豊富だ。フェニックスは、半導体の先端州であるカリフォルニア州に近いこともあって、カリフォルニア州から先端産業が流入し、フェニックス周辺は「シリコン・デザート」とも呼ばれる。

また、フェニックスのみならず、アリゾナ州の経済を支えるのは、銅（Copper)、綿（Cotton)、牛（Cattle)、柑橘類（Citrus)、気候（Climate）の「5C」といわれる。

銅の産出では全米一であり、綿花や柑橘類、牛の成育に適した環境であった。晴れの続く乾燥した気候は人を呼び寄せ、さらに半導体産業に利したのだ。

●語り継がれるジェロニモの伝説

アリゾナの地にあった人物で最も有名なのは、インディアンのジェロニモだろう。彼は、アパッチ族の戦士であり、サウスダコタのスー族とともに、最後まで白人に抵抗した男として知られる。

彼の抵抗は、白人の狡猾（こうかつ）な支配・侵略に抗議するものであった。1850年代、カリフォルニアでゴールドラッシュがはじまると、アリゾナも一獲千金（いっかくせんきん）を求めた者らの通り道になる。ピマ族はその求めに応じ続けたが、その見返りは酷（ひど）かった。めた。ピマ族はインディアンのピマ族に旅行者への食料提供を求

白人移住者たちがピマ族の食料であるシカやアンテロープを狩りつくしたため、ピマ族は食料難に陥（おちい）ってしまった。合衆国政府はピマ族に小麦粉と砂糖を配給したが、これによりピマ族は肥満化、糖尿病を患（わずら）うようになった。

そうした中、ジェロニモは抵抗したが、ついには降伏（こうふく）している。彼の抵抗は白人社会では誇張して伝えられ、長らく恐ろしいインディアン扱いされてきた。

㊺ネヴァダ州
カジノの聖地ラスヴェガスがある「砂漠の州」

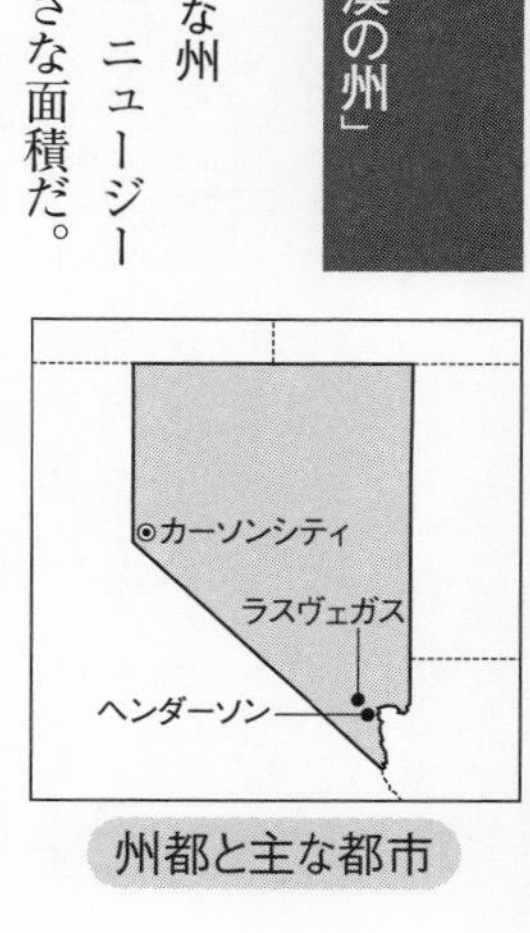

州都と主な都市

▼面積と人口　ニュージーランドよりも大きな州

ネヴァダ州の面積は、28万6352㎢。ニュージーランドより大きく、フィリピンよりも小さな面積だ。人口は、317万人程度。1990年の人口は120万人程度だから、かなりの増加傾向にある。

▼地勢と気候　起伏に富んだ地形に広がる砂漠地帯

合衆国の南西部に位置する内陸州。州全体が山がちで、しかも砂漠地帯だが、州の西に位置するシエラネヴァダ山脈を越えると、カリフォルニア州だ。起伏に富み、州の最高峰は標高4007mのバウンダリー山だ。最低地点の標高は、146mだ。乾燥した砂漠気候にあり、標高によって異なるが、夏はかなり気温が上がる。

▼歴史　南北戦争のさなか、合衆国36番目の州となる

19世紀にヨーロッパ人が到来するまで、この地にあったのは、インディアンの諸

部族だ。やがてモルモン教徒たちがやって来るようになって、定住をはじめる。合衆国の州となったのは、南北戦争のさなかの1864年である。リンカン大統領の共和党陣営が、彼の再選に向けてネヴァダを州に昇格させたのだ。

▼政治風土　激戦州だが、このところ民主党が連勝

激戦州の1つだが、このところ民主党の連勝が続く。オバマ、ヒラリー・クリントン、バイデンが制している。

▼名産と名所　UFOで有名な「エリア51」

鉱物資源に恵まれている。金、銀、銅、モリブデンなどを産出し、特に金の産出量は、全米のおよそ8割を占める。

また、州南部にあるグルームレイク空軍基地周辺は、通称「エリア51」といわれる。しばしばUFOの目撃情報があるといわれる地域である。空軍のステルス機や新型機が、UFOに見えたのではないかという説が強いが、真相は不明。

●ラスヴェガスがカジノの町となったわけ

ネヴァダ州といえば、ラスヴェガスである。州の南端に位置し、カジノの街として世界的に知られる。

ラスヴェガスでカジノが合法化されたのは、１９３１年のことだ。それは、ラスヴェガスの凋落を食い止めるための策であった。それまでラスヴェガスは、州の鉱業の隆盛によって栄えていた。

19世紀後半、ネヴァダ州では、金や銀の鉱脈が次々と発見され、一攫千金を求めて多くの人がネヴァダ州に向かい、ラスヴェガスは栄えた。けれども一時的ながら、金、銀の産出が減ると、ラスヴェガスは砂漠の中の寂れた街と化していく。カジノは、街の荒廃を食い止めるためのものだった。

また、世界恐慌下の１９３１年、ラスヴェガスの近くでフーヴァーダムの建設がはじまっている。景気対策の公共事業だったが、これによりラスヴェガスには多くの労働者が集まっただけでなく、安価な電力が供給できるようになった。その電力が、その後の繁栄を約束した。

第二次世界大戦ののち、ラスヴェガスではホテル開発がはじまる。多くのホテルはカジノを持ち、カジノで大きく儲けることができたから、宿泊料金を安く抑えることができた。これまた、ラスヴェガスの観光人気を高めた。

１９８０年代以降、ラスヴェガスには巨大なテーマホテルが立ち並ぶようになり、ホテル自体がエンターテインメントになっている。全米各地の有名レストランも、こぞってラスヴェガスに出店するようになったから、ラスヴェガスの人気拡大は止まらない。

ラスヴェガスは、今やアメリカのイベントの一大中心地でもある。ボクシングや総合格闘技のUFCのビッグマッチは、しばしばラスヴェガスで開催されている。フィリピンの英雄マニー・パッキャオやメキシコの名ボクサーであるファン・マヌエル・マルケスら、異国人でもラスヴェガスではスターになれるのだ。ラスヴェガスは、ファイターたちの一獲千金の地にもなっているのだ。

●州内の婚姻手続きが容易で多くのカップルが集まる

ラスヴェガスで目立つのは、結婚式専用の教会であるウエディングチャペルの多さである。ドライブスルー方式の式場もあれば、24時間営業の教会もある。

これは、ネヴァダ州の婚姻手続き制度が、非常に簡単だからだ。アメリカの多くの州では、婚姻手続きが複雑である。これを嫌って、ラスヴェガスで結婚式を挙げようと全米から多くのカップルが集まってくるのだ。結婚式のあとは、ラスヴェガスのホテルで快楽の一夜も愉しめる。

ネヴァダ州では、離婚手続きも簡単である。そのため、離婚手続きのために同州を訪れる者たちもいる。

また、一部の地域では売春が合法になっている。これまた、欲にかられた男女を同州に集める要因になっているのだ。

●州の9割近くを連邦政府が所有する事情

ネヴァダ州はラスヴェガスの繁栄によって経済成長を果たしているが、逆にいえば、ラスヴェガスを除けば、多くが砂漠である。ネヴァダ州の砂漠地帯は、「グレートベースン」といわれる。グレートベースンには国立公園もあるが、農業にはまったく向かない。そのため、開拓農民はグレートベースンにはいない。

アメリカには、1862年に制定された「ホームステッド法」がある。およそ65ヘクタールの土地で5年以上農業を行なえば、その土地は無料でもらえるという法だが、ネヴァダ州のグレートベースンはこれを阻(はば)んでいる。そのため、州面積の86%を連邦政府が所有したままとなっている。

連邦政府所有の土地が多いため、ネヴァダ州は隣のニューメキシコ州とともに、核実験場となってきた歴史がある。核実験場の隣には、地下核処理施設も造られている。

㊻ワシントン州

先端産業が次々と集まるリベラル州

州都と主な都市

▼面積と人口　中東のシリアと同じほどの面積

ワシントン州の面積は、18万4827㎢。中東のシリアと同程度の広さである。人口はおよそ779万人。

▼地勢と気候　アメリカ西海岸の最北州

アメリカ西海岸の北部に位置する。アメリカ西海岸には、ワシントン州、オレゴン州、カリフォルニア州の3州のみ。その最北にあり、北の国境はカナダとなる。州の中央を南北にカスケード山脈がはしり、山脈の西側は雨が多く、過ごしやすい。山脈の東側は乾燥した気候となっている。

カスケード山脈にあるセントヘレンズ火山は、1980年に大噴火(ふんか)を起こしたが、それにより山が崩落(ほうらく)。標高が2950mから400mも低くなった。

▼歴史　インディアンが初めてたどり着いたアメリカの地

古代、インディアンがユーラシア大陸から北米大陸に渡ったのち、初めてたどり着いたアメリカの地とされる。ひところまでインディアンの別天地であったが、19世紀半ばから白人の入植がはじまった。合衆国42番目の州。

州の名は、「建国の父」ワシントン大統領にちなむ。東海岸の首都ワシントンD.C.との釣り合いを取るため、西海岸にも「ワシントン」の名を冠した州が誕生することになった。

▼政治風土　リベラル層が多く、民主党優勢

アメリカ西海岸の他の州と同じく、民主党が優勢である。リベラル層に支えられ、1988年以降、連勝街道にある。リベラル層は、LGBT（性的少数者）にも理解がある。オレゴン州に続いて、尊厳死（安楽死）を法で認めてもいる。

▼名産と名所　リンゴの生産が全米一

航空機産業、ソフトウェア産業が基幹だが、林業、農業も力がある。特にリンゴの栽培がさかんで、生産量は全米ナンバーワン。

●アメリカを代表する企業が本社を置くシアトル

ワシントン州最大の都市といえば、シアトルだ。シアトルを訪れる日本人は多い。なにより、イチローがMLBでキャリアをスタートさせた「マリナーズ」の本拠地として、日本人には知られる。彼は「マリナーズ」でキャリアを終わらせているが、「マリナーズ」はイチローが入団した2001年に地区優勝したものの、その後は地区優勝もワールドシリーズ進出も果たせていない。

一方、シアトル在住の人間も、早くから日本について知っていた。シアトルの名は、かつてこの地にあったインディアンのスクアミシュ族の首長シアトルの名に由来する。

彼は連邦政府によって居留地に強制移住させられているが、シアトルはその際にシアトルの繁栄を祈って、こう演説している。

「グレート・ノーザン鉄道を父とし、日本郵船を母とする」

シアトル首長の時代、すでに日本人はシアトルを訪れていた。彼は、それを知って、この地が太平洋貿易の拠点となろうことを予言していたのだ。

その後、シアトルが発展を遂げるのは、ボーイング社に引っ張られてである。ボーイングは、日米戦争中、B-29「スーパー・フォートレス」をはじめ大型の4発飛行機の量産に成功、戦後はその技術を大型旅客機開発に注ぐ。世界が空の時代を迎える中、シアトルはボーイングの企業城下町として育った。

ただ、2001年、ボーイングはシカゴに本社を移転する。工場機能は残ったもののの、これはシアトルにとって大きなショックだった。けれども、ボーイングの移転は決定的ダメージにならなかった。その後、「マイクロソフト」や「アマゾン・ドット・コム」がボーイングの穴を埋めていったからだ。

マイクロソフトの創業者ビル・ゲイツはシアトルの出身であり、シアトルに本社を置いた。アマゾンの創業者ジェフ・ベゾスは、ニューメキシコ州出身だが、シアトルで起業している。

マイクロソフトやアマゾンの登場によって、シアトルから隣のオレゴン州ポートランドにかけては、「シリコン・フォレスト」とも呼ばれている。カリフォルニア州の「シリコン・ヴァレー」に対抗しての名である。

マイクロソフト、アマゾンは全米のみならず、西側世界を制覇した企業だが、同じく西側世界に定着したのが、シアトル系コーヒーだ。スターバックスにはじまり、タリーズらのシアトル系コーヒーは、これまでのアメリカのコーヒーとは全く違った、洗練されたテイストである。そのテイストが、シアトルの住人のみならず、世界の住人を虜(とりこ)にした。

シアトルの住人の生活は快適だといわれ、その快適追求はコーヒーにも及んでいたのである。

㊼オレゴン州
全米で初めて「尊厳死」を認めた住民投票の先進地

▼**面積と人口**　全米で9番目に大きな州

オレゴン州の面積は、25万5026㎢。全米では9番目に大きな州である。人口は424万人程度。

▼**地勢と気候**　西海岸中部に位置し温和な気候

アメリカ西海岸の中部に位置する。州の西側ではカスケード山脈が南北にはしり、その東側にはコロンビア高原が広がる。海岸部にはコースト山脈が同様に南北にはしり、カスケード山脈、コースト山脈に挟まれた地帯が平野部となる。州の北を流れるコロンビア川は、ワシントン州との境でもある。この川がインディアンたちに「オレゴン（美しい川）」と呼ばれていたのが、州名の起源だ。気候は温和である。

▼**歴史**　幌馬車で3500㎞を移動し入植

もともとはインディアンの土地であったが、1830年代から白人の入植がはじ

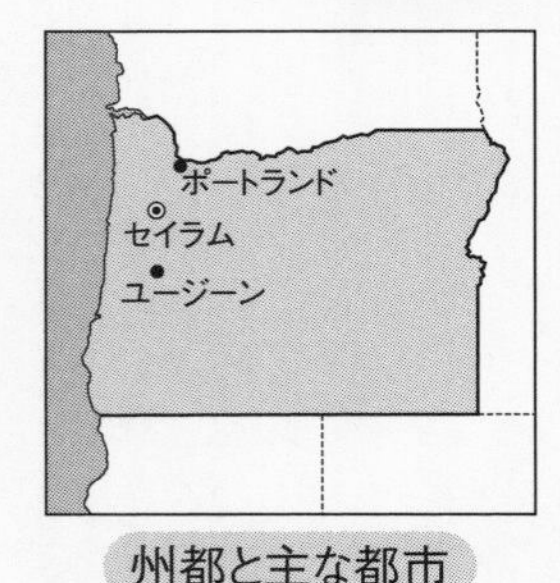

州都と主な都市

まった。それは、中西部のミズーリ州を起点にした3500㎞にも及ぶ長い旅を経てのもので、「オレゴン・トレイル（オレゴン街道）」と呼ばれた。

当時、まだ鉄道がない。「オレゴン・トレイル」の旅は、幌馬車に頼るしかなく、およそ半年がかりであった。そこまでして「オレゴン・トレイル」を旅しなければならなかったのは、当時、東部諸州が不況に苦しんでいたからだ。

1859年、オレゴンは州に昇格している。合衆国33番目の州である。

▼政治風土　1988年以降、民主党が負けなし

アメリカ西海岸の州では民主党が優勢であり、オレゴン州もそう。1988年以降、民主党は負けなしだ。1902年に全米に先駆けて直接民主制を進化させたシステムを導入した。リベラル層が多く、全米で初めて「尊厳死（安楽死）」を認めている。マリファナも合法化している。

▼名産と名所　ナイキの本社のある大都市ポートランド

ハイテク産業が引っ張るが、林業、農畜産業もさかんだ。木材の生産では、全米一である。ヘーゼルナッツの栽培でも知られ、全米のほとんどのヘーゼルナッツは、オレゴン産だ。また、最大の都市ポートランドには、スポーツ用品メーカーである「ナイキ」の本社がある。

●DIYの街・ポートランドの美食ストリートの明暗

オレゴン州最大の都市ポートランドは、洗練された街である。市内には多くの公園があり、治安もいい。住人も進取的で、リベラルだ。

洗練された都市ポーランドを象徴するのは、全米で屈指の環境にやさしい街であるところだ。市内には原生生物を保護する公園があり、自転車専用道の整備に関しては全米の先端をいく。市内には路面電車、バス網が発達し、マイカーに頼らなくとも快適に暮らせる。

ポートランドは、全米で「DIY（ドー・イット・ユアセルフ）」の先端をいきもする。アメリカでいうところのDIYは、たんなる日曜大工にとどまらず、個人やグループが自主的になにかを創造していくことを意味する。自主イベントにはじまり、ミニコミ、デジタルなものづくりまでがDIYであり、ポートランドはそうしたムーヴメントの先頭をいっている。

ポートランドは美食の街としても知られるが、そのグルメストリートで近年、不穏な事件が起きている。

例えば、ある女性が「サフラン・コロニアル（植民地のサフラン）」という名のレストランを出店したところ、暴徒の攻撃を受けている。「コロニアル」の名に人種差別の意図があるうえ、白人に旧植民地の料理を作る資格がないというのだ。あるいは、ある夫婦がメキシコ料理のブリトーを販売しようとしたところ、「メキシコの文化を盗んだ」と非難され、廃業に追い込まれている。

現代のアメリカでは、各地で行き過ぎたリベラルの独断的な言動が散見できるが、リベラルな街ポートランドでもこうした事件が起きているのだ。

●アメリカ本土で唯一、空襲を受けたオレゴン州

オレゴン州は、合衆国本土で唯一、空襲を受けた地である。空襲を仕掛けたのは、日米戦争下の日本海軍の潜水艦「伊25」であった。1942年、アメリカ空母が東京初空襲を成功させたのに対抗して、日本海軍もアメリカ本土に空襲を企図し、標的となったのがオレゴン州だった。

伊25から飛び立った零式小型水上偵察機は、同州ブルッキングス市近郊の山林に爆弾を投下、大規模な森林火災を発生させている。これが大事件として報道されず、長く知られなかったのは、アメリカの報道管制による。

空襲を成功させたパイロット・藤田信雄は、のちに「敵軍の英雄」として、同市の名誉市民ともなっている。

㊽ カリフォルニア州
この州でGDP世界5位に相当するリッチ州

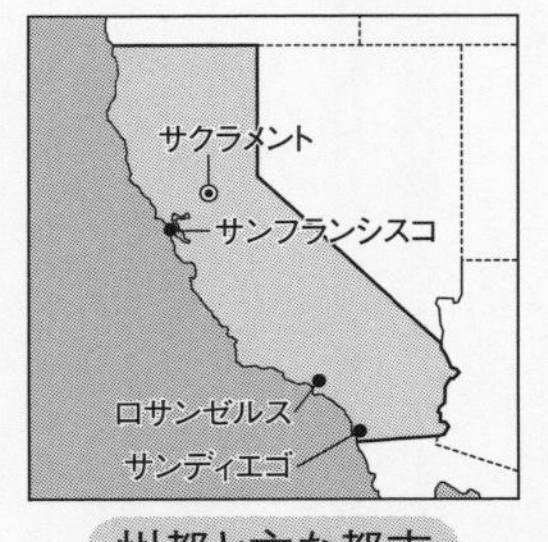

州都と主な都市

▼面積と人口　全米1位の人口、全米3位の面積

カリフォルニア州の面積は、42万3970㎢。全米で3番目に大きく、日本よりも4万㎢以上も大きい。人口は3900万人強、全米1位だ。

▼地勢と気候　南部に飛び出た半島は、実はメキシコ領

アメリカ西海岸南部に位置し、南北に長く、長い海岸線を有する。シエラネヴァダ山脈を挟んで、西はネヴァダ州、さらにはアリゾナ州と接する。北にはオレゴン州があり、南はメキシコとの国境になる。州の南には、バハカリフォルニア半島、カリフォルニア湾があるが、カリフォルニア州内ではなく、メキシコ領である。

また、州の中央を流れるのは、サクラメント川。中部の大都市がサンフランシスコ、南部の大都市がロサンゼルスだ。

気候は総じて温暖だが、寒流であるカリフォルニア海流のために、夏でもさほど

気温が上がらない。冬には、雨が多い。

▼歴史　ゴールドラッシュが起こったことで繁栄

インディアンの土地だったこの地に、最初に現れた白人はスペイン人の探検家たちだ。16世紀、彼らがこの地を訪れたとき、伝説の理想郷「カリフォルニア」ではないかと信じたことが、州名の由来となる。

メキシコがスペインから独立してのち、メキシコ領となる。そのメキシコ相手に戦争を仕掛けたのが、アメリカだ。１８４６年から１８４８年にかけての米墨（べいぼく）戦争にアメリカは勝利。アメリカはメキシコに１５００万ドルを支払うことで、カリフォルニア、ニューメキシコ地方を譲り受けた。

そのメキシコとの平和条約調印直後に、カリフォルニアでは金が発見された、以後、カリフォルニアでのゴールドラッシュがはじまり、カリフォルニアには人が集まり、繁栄をはじめた。合衆国31番目の州。

▼政治風土　選挙人の数54の大票田で、民主党が優勢

かつては共和党が強く、共和党のレーガン大統領はカリフォルニア州知事の実績を梃（てこ）にのし上がった。けれども、１９９２年以後、民主党の連勝である。選挙人の数は54だから、全米最大の票田（ひょうでん）だ。

▼名産と名所　オレンジ、さらにはワインの評価も絶大

シリコンヴァレーでのハイテク産業が有名だが、肥沃（ひよく）な土地を活かした農業も地力がある。中でも、「カリフォルニア・オレンジ」は有名。さらには、ロバート・モンダヴィ、カレラ・ジェンセンをはじめとする高級な「カリフォルニア・ワイン」は、ヨーロッパのボルドー、ブルゴーニュ産のワイン以上ともいわれる。

●全州に先駆け電化の普及につとめた

カリフォルニア州は、「新しいアメリカ」の象徴といっていい。アメリカは東海岸を中心にはじまったが、その文化はヨーロッパの影響を濃く受けたものだった。けれども、カリフォルニアの文化は、東海岸の文化とかなり異なる。もっとパワフルで、ダイナミック、かつ娯楽（ごらく）的である。

その典型が、ジーンズだ。もとは、カリフォルニアのゴールドラッシュ時、鉱山労働者たちの作業用のズボンであり、帆布（はんぷ）をリベット（鋲（びょう））で補強して作られた。これがサンフランシスコではデニム地で商品化され、世界的にヒットした。ジーンズこそは、アメリカ文化の象徴ともなった。

また、マクドナルドのハンバーガーも、カリフォルニア起源である。今でこそマ

クドナルドの本社はシカゴにあるが、もとはカリフォルニアのマクドナルド兄弟のハンバーガー・レストランの食べ物だ。

カリフォルニアは今なお世界の文化、流行の発信源であるが、その原点にあるのは、豊富な資源であった。カリフォルニアに眠っていた資源は、金だけではない。石油もまた豊富であり、カリフォルニア州を富ませた。

さらに、安定した電力を合衆国の中でもいち早く供給できたから、カリフォルニアは全米の先進州となったという見方もある。20世紀初頭、カリフォルニア州は全米に先駆けて「完全電化の州」を目指しはじめた。エアザ・F・キャターグッドという野心的な技師が、隣接するネヴァダ州のボールダー峡谷(きょうこく)に巨大なダムを建設し、水力発電に着手した。

彼の狙いは、カリフォルニア州に安い電力を行き渡らせるところにあった。1924年の時点で、カリフォルニア州の消費電力は全米の10分の1にもなり、州内の83%の家が電化の恩恵(おんけい)を受けていた。当時、アメリカの家の電化普及率は、35%程度だったから、カリフォルニアは圧倒的に進んでいた。カリフォルニアでは、完全電化の農場もあったのだ。

この「完全電化のカリフォルニア」を真似たのが、のちのフーヴァー大統領やフランクリン・D・ローズヴェルト大統領たちだ。彼らはカリフォルニアの奇跡を見て、不況対策に大規模ダム建設をはじめたのだ。

それはともかく、カリフォルニアが早くに電化州となったことは、住人をより自由にし、より創造的にさせた。そこから、カリフォルニア州では映画産業が発展していく。ロサンゼルスのハリウッドは映画製作の聖地として名高いが、ひところまでアメリカでの映画製作はニューヨークやシカゴが中心であった。それが、完全電化もあって、ハリウッドに移っていったのだ。

カリフォルニアのさんさんとした太陽はフィルム感度を問わなかったし、自由なカリフォルニアの州民には民族への偏見(へんけん)も少なかった。だから、イタリア系移民でも、映画スターになれたのだ。

●シリコンヴァレーを擁するサンフランシスコ圏

カリフォルニア州の南部にあるロサンゼルスは、全米第2位の人口を誇る大都市だ。ロサンゼルスは、富裕層の街である。全米でそうはない快適な気候を求めて、お金持ちたちが集まってくる。

ロサンゼルス近郊のビバリーヒルズは、高級住宅街として世界的に有名だ。同じく近郊のサンタモニカは、リゾート地としてこれまたよく知られる。

一方、中部の大都市サンフランシスコはどうかというと、これもまた裕福であり、世界の中心ともいえる。というのは、サンフランシスコ近郊にシリコンヴァレーが存在しているからだ。

シリコンヴァレーの先端産業こそ、今日のアメリカの進撃を支えるパワーである。シリコンヴァレーに本社を置くのは「アップル」「グーグル」「インテル」など世界的に有名なＩＴ企業である。ほかに電気自動車開発でトップランナーとなっている「テスラ」もあった。

シリコンヴァレーには、スタンフォード大学もある。ロサンゼルス近郊にあるカリフォルニア工科大学とともに世界の俊英(しゅんえい)を集め、東部・マサチューセッツ州のハーバード大学、マサチューセッツ工科大学のライバルとなっている。

●年収1400万円でも低所得者?

先端企業の集まるカリフォルニア州は、全米一豊かな州である。２０２３年の同州の州内総生産額（ＧＳＰ）は、３兆８９００億ドルにも達して、ダントツで全米１位である。日本の４兆２９１０億ドルに迫る勢いだ。

カリフォルニア州を1つの国と見なしたとき、そのGDPは世界5位になる。アメリカ、中国、ドイツ、日本に次ぎ、イギリス以上の経済力だ（2023年に日本のGDPはドイツに抜かれて4位）。

そんなわけで、カリフォルニア州にはお金持ちが多く、平均年収も高い。カリフォルニア州には、平均個人所得が10万ドル（およそ1200万円）にもなる地区が15程度もある。日本で年収1000万円を超える世帯は、1割強しかない。

アメリカの住宅都市開発省の調査では、サンフランシスコでは年収1400万円の4人家族を「低所得者」に分類するとしている。日本の世帯年収の平均は、550万円程度だから、カリフォルニアの論理からすれば、日本人の多くは「低所得者」となる。ただ、カリフォルニア州では、かなりのお金を稼いでも、それで生涯安泰とはならない。総じて生活費が高く、なかでも家賃の値上がりが続いているからだ。年収1400万円程度では、リッチな暮らしとはなりにくいのが実情のようだ。

●1万1909mの滑走路を持つエドワーズ空軍基地

カリフォルニア州の東部のモハーヴェ砂漠には、エドワーズ空軍基地がある。エドワーズ空軍基地は、飛び抜けて大きな滑走路を持っている。

まずは滑走路だけで、14本もある。そのうえ、滑走路が長大である。もっとも長い滑走路は、1万1909mにもなる。ほかに、8771mの滑走路が1本、7033mの滑走路が2本ある（コロラド州の項目で記したとおり、商用空港として全米最大のデンバー空港で6本。成田空港は4000m1本、2500m1本の計2本）。ふつう大型旅客機の離発着には、4000mクラスの滑走路があれば十分だ。にもかかわらず、エドワーズ空軍基地は、じつに常識を超える滑走路を有しているのだ。

それは、エドワーズ空軍基地が、ロジャース乾湖の上に立地しているからできたことだ。ロジャース乾湖の湖底は粘土質で固く、しかも平らかになっている。おかげで、舗装する必要がないから、長大な滑走路をひけるのだ。

エドワーズ空軍基地の滑走路は、アメリカ空軍にはなくてはならないものだ。緊急着陸には、長大な滑走路は便利なのだ。さらには、F-22やF-35といった高性能新鋭機の試験飛行に、エドワーズ空軍基地は使われている。

またカリフォルニア州では、2020年から大統領の予備選が従来の6月から3月に繰り上げている。選挙人54のカリフォルニア州は、全米一の大票田なのだが、6月の同州予備選はほとんど決着がついたあとのものだった。けれども、3月に繰り上げたとなると、ここで予備選の決着がほぼついてしまうのだ。

㊾ アラスカ州
自然保護か油田開発かの岐路に立つ飛び地

▼面積と人口　人口密度の低さが全米一

アラスカ州の面積は、１７１万７８５４㎢。合衆国で最も大きな州であり、世界でいえば中東の大国イランよりも広い。もし独立国であったとするなら、世界で19番目に大きい国となる。人口は73万人程度。人口密度は全米一低い。

▼地勢と気候　冬には太陽が出ない「極夜」となる

合衆国の飛び地である。おおよそ北緯51度から71度に位置し、北半分は北極圏となる。東の国境はカナダ、西ではベーリング海峡を隔てて、ロシアと向かい合う。北には北極海が広がり、南の太平洋には、アリューシャン列島が延びている。州の北にはブルックス山脈、南にはアラスカ山脈が横たわる。アラスカ山脈のデナリ山の標高は６１９０ｍと全米一。かつてはマッキンリーと名乗っていたが、いまは先住民の呼び名に改められている。州の多くは、永久凍土（ツンドラ）、氷

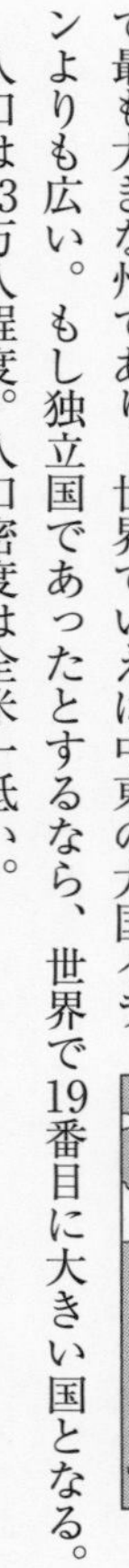

州都と主な都市

河、針葉樹などに覆われている。

高緯度にあるため、夏は太陽の沈まない「白夜」が続く。冬になると、太陽が出ない「極夜」となる。

▼**歴史**　戦争で財政が悪化したロシアから買収
もともとアラスカに居住していたのは、イヌイット(イヌピアット、エスキモー)、アレウトなどと呼ばれる民族だ。18世紀になると、毛皮を求めたロシア人がベーリング海峡を渡り、ロシアの植民地となる。

その後、19世紀半ば、ロシアはクリミア戦争に敗北、財政に窮し、アラスカを持て余した。このときアメリカが、720万ドルで買い取っている。当時は、バカな買い物と酷評された。正式な州昇格は1959年。

▼**政治風土**　石油開発に肯定的な共和党が優勢
共和党が優位にある。アラスカ州の経済は、石油に依存しているところが大きく、共和党のほうが油田開発に積極的なため。

▼**名産と名所**　フェアバンクスでは、冬のオーロラが魅力
手つかずの自然が残っている。州の中央に位置するフェアバンクスでは、冬にオーロラを見やすい。漁業では、サーモンやオヒョウ漁がさかん。

●面積の3分の1が自然保護地域

州経済は、原油や天然ガスなどの資源に大きく依存している。もともとは水産業、水産加工業が主であったが、1968年にブルドー湾油田が発見されてのち、石油が州を潤しはじめた。おかげで、アラスカ州には所得税も消費税もない。

ただ近年、資源エネルギーの産出量は減少気味であり、これがアラスカ経済の不安である。新たに油田を探し当てるか、あるいは美しい自然を守り続けるかの岐路に立たされている。

実際、アラスカには8もの国立公園があり、自然保護地域は州面積の3分の1になる。アラスカの自然は厳重に守られていて、手つかずの土地で資源を探すにはハードルが高いのだ。

アラスカは、たんなる「資源州」ではない。20世紀半ば以降、その戦略的な地位が急上昇している。日米戦争では、アリューシャン列島のアッツ島、キスカ島に日本軍が上陸、一時的には両島を奪っている。アッツ島は、アメリカ軍の猛攻に窮した日本軍の玉砕の地でもある。

第二次世界大戦ののち、はじまったのはソ連との冷戦である。ソ連と近いアラスカは、対ソ連の前線基地にもなり、アラスカでは軍事基地化が進んでもいる。

●危機にあるアラスカの水産資源

資源豊かなアラスカ州だが、近年、水産資源に関しては危うい状況にある。まずはアラスカ沖に広がるベーリング海では、カニ漁の漁獲が激減している。ベーリング海では、ひところまで100億匹のカニが生息しているといわれてきた。アラスカではカニ漁がさかんだったのだが、そのカニがベーリング海から消えようとしているのだ。ある試算によるなら、90%もの激減になっているという。

ベーリング海からカニが消えていったのは、地球温暖化の影響ではないかとされる。アラスカ沖の海は冬になると凍結するが、近年は、凍結しないままだ。これにより、カニが好んで生息する海底近くの冷水湧出帯が消滅し、カニが生息できなくなったという指摘もある。

さらにアラスカ州内の河川では、サーモンの姿が消えている。毎年、アラスカのユーコン川をはじめとする河川をサーモンが産卵のため遡上（そじょう）し、先住民はサーモンによって暮らしていた。そのサーモンが消えてしまうのは、先住民にとっては死活問題である。

サーモンの激減もまた、地球温暖化の影響ではないかとされるが、資源回復の有効な手段はいまだない。

㊿ハワイ州
オバマ大統領を生んだ、日米戦争の開戦地

州都と主な都市

▼面積と人口　面積は四国よりも広い程度

ハワイ州の面積は、2万8311㎢。四国よりもおよそ1万㎢大きい州であるが、九州ほどの広さはない。人口は144万人程度。

▼地勢と気候　全米で唯一の島の州

合衆国の本土である北米大陸にはなく、太平洋上にある。ハワイ島、マウイ島、オアフ島などのハワイ諸島（8つの主な島）で構成される。ハワイ諸島は火山活動によって生まれた島嶼（とうしょ）であり、標高の高い山も多い。ハワイ島のマウナ・ケア山の標高は、4205mにもなる。同じハワイ島のキラウエア火山は、いまだ活動がさかんな火山である。亜熱帯地域であるが、湿度が低く、快適である。

▼歴史　ハワイ王国を併合した合衆国50番目の州

最初に、ハワイにやって来たのは、南太平洋の島嶼や東南アジアからのポリネシ

ア系の人たちである。その後、18世紀後半にイギリスのキャプテン・ジェームズ・クックがハワイにたどり着いた。ハワイが世界史の激動に組み込まれる中、1795年、カメハメハによるハワイ王国が成立している。けれども合衆国はハワイの吸収を企図し、1898年、マッキンリー大統領の時代にハワイを併合している。

▼政治風土　オバマの出身地であり、民主党が優勢

民主党が優勢であり、民主党のオバマ大統領は、オアフ島ホノルルの出身だ。

▼名産と名所　世界的なブランドであるコナ・コーヒー

「太平洋の楽園」といわれるくらい美しい自然と快適な気候が魅力であり、今は観光業が基幹。ワイキキの浜をはじめ多くの美しいビーチがあり、リゾートホテルが立ち並ぶ。ゴルフ場も多い。

名産はパイナップルであり、ドール社のパイナップル農園がオアフ島にある。また、ハワイ島のコナで栽培されるコーヒーは「コナ・コーヒー」の名で世界的なブランドにもなっている。

●アジア系が4割を占める、アメリカではめずらしい人種構成

ハワイ州の特徴の1つは、人種構成にある。アメリカの多くの州では、白人、黒

人、新たに流入してきたヒスパニックらで構成される。けれども、ハワイ州の場合、もっとも多いのはアジア系であり、およそ39％を占める。

　白人の割合はおよそ22％、２つ以上の人種がミックスされた人たちは約23％、先住及びポリネシア系が10％程度、ヒスパニック系またはラテン系が10％弱となっている。

　もっとも多いアジア系の内訳では、フィリピン系が全体の15％程度、続いては日系が全体の14％程度になる。ほかに韓国系や中国系の住人らもいる。

ハワイにアジア系が多いのは、同州がもっともアジアに近く、歴史的なつながりがあるからだ。フィリピンの場合、ハワイがアメリカに併合されていく時代に、並行するかのようにアメリカに併合されている。だから、フィリピンの住人はハワイに渡りやすかった。日本の場合、アメリカ本土からの移民を恐れるハワイ王国の王の要請もあって、ハワイに移住者を出すようになった。

　こうしてハワイと日本はつながったこともあり、日本人は世界で一番ハワイ好きの異国人となっている。たしかにハワイをもっとも訪れている観光客はアメリカ本土からで、全体の65％程度を占める。続いては、日本人で全体の16％程度だ。３位のカナダからの客は日本の３分の１程度だから、外国人で最もハワイ好きなのは日本人だ。アメリカに旅行する日本人のうち、およそ4割はハワイを目的としているほどだ。

日本人がことのほかハワイを好むのは、その過ごしやすい気候からだろう。その点で、グアムも人気だったが、グアムは日本人観光客が多くなりすぎ、ハワイに向かったという説もある。ただ、近年、ハワイを好む日本人の若者は減っている。

●日米和解の地にもなった「アリゾナ記念館」

日米戦争では、ハワイの真珠湾が最初の戦場になったのはよく知られるところだ。日本空母部隊から飛び立った艦載機によって、真珠湾にあったアメリカ太平洋艦隊の戦艦群が機能停止に追い込まれ、航空基地も破壊された。

その痕跡は、今も「アリゾナ記念館（アリゾナ・メモリアル）」に残されている。「アリゾナ記念館」は、日本軍の攻撃によって沈没した戦艦「アリゾナ」の真上に建設された慰霊施設である。歴代大統領は、必ずアリゾナ記念館を訪れ、犠牲者に慰霊を捧げている。2016年には、日本の安倍晋三首相がオバマ大統領とともにこの地を訪れ、慰霊を捧げ、日米の和解を演出している。

ワシントンD.C.

どの州にも属さない政治の中枢となる首都

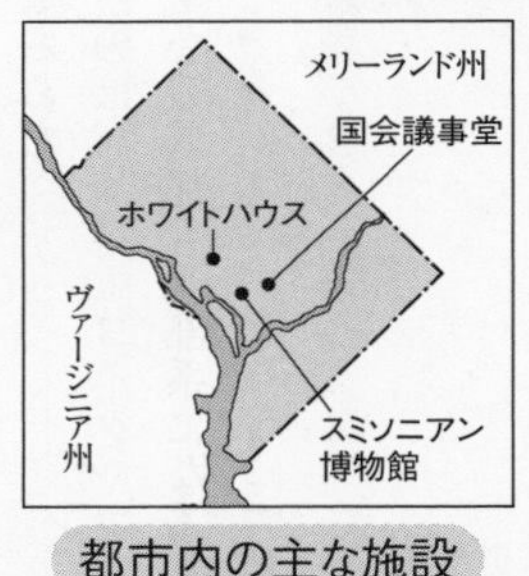

都市内の主な施設

▼面積と人口　面積は小さいが、人口は70万人いる

ワシントンD.C.（ワシントン・コロンビア特別区）の面積は、177㎢。ヨーロッパの小国リヒテンシュタイン並みの狭さである。人口はおよそ67万人になる。

▼地勢と気候　メリーランド州とヴァージニア州に囲まれる

ワシントンD.C.は、メリーランド州とヴァージニア州に囲まれた地である。ポトマック川を渡れば、そこはヴァージニア州だ。

▼歴史　首都として計画設計されて誕生

首都として初めから計画設計された都市。それまでフィラデルフィアが首都だったが、1800年に正式に首都となった。

▼政治風土　民主党の牙城だが1961年まで投票権がなかった

民主党が圧倒的に強い。もともとワシントンD.C.は、大統領選の投票権が与えられていなかった。ワシントンD.C.が連邦政府の直轄地だからだ。けれども、1961年以後、大統領選に投票できるようになった。選挙人の数は3人。

▼名産と名所　航空機の陳列で名高いスミソニアン博物館

ホワイトハウスをはじめ、名所だらけ。スミソニアン博物館の航空機の陳列は名高く、世界初飛行の「ライトフライヤー号」もここにある。

●この地を首都として計画設計したわけ

ワシントンD.C.には、ホワイトハウス、国会議事堂、最高裁判所があり、全米の政治の中枢、つまり首都である。それもわざわざ計画して造成された人工都市だ。この地が首都に選ばれたのは、政治的妥協の産物である。

ワシントンD.C.が誕生するまで、暫定首都となったのは、ニューヨークやフィラデルフィアなど北部系だ。この流れからすれば、新たなる首都も北部系になるところだったが、南部系がこれに反発した。そこで、フィラデルフィアよりも南の地に首都が建設されることになったのだ。

その見返りとして、南部系の声を代表したメリーランド州、ヴァージニア州は首都建設の土地を提供したのだ。

◉左記の文献等を参照させていただきました――

『世界の歴史17アメリカ大陸の明暗』今津晃、『生活の世界歴史9　北米大陸に生きる』猿谷要（以上河出書房新社）／『日本人が意外と知らない「アメリカ50州」の秘密』松尾弌之監修、株式会社レッカ社編著、『太平洋文明の興亡』入江隆則（以上ＰＨＰ研究所）／『最新アメリカ合衆国要覧　3訂版』外務省北米局監修（東京書籍）／『地図でスッと頭に入るアメリカ50州』デイビッド・セイン監修（昭文社）／『不思議の国アメリカ』松尾弌之（講談社）／『アメリカ50州を読む地図』浅井信雄（新潮社）／『アメリカ人の歴史1〜3』ポール・ジョンソン（共同通信社）／『アメリカ史の真実』C・チェスタトン（祥伝社）／『11の国のアメリカ史（上）（下）』コリン・ウッダード（岩波書店）／『学校では教えてくれない本当のアメリカの歴史（上）（下）』ハワード・ジン（あすなろ書房）／『アメリカ大統領物語』猿谷要編（新書館）／『アメリカン・ヒーローの系譜』亀井俊介（研究社出版）／『アメリカの歴史を知るための63章〔第3版〕』富田虎男、鵜月裕典、佐藤円監修（明石書店）／『金ぴか時代のアメリカ』ハーバート・ガットマン（平凡社）／『アメリカのおんなたち　愛と性と家族の歴史』カール・N・デグラーほか（教育社）／『アメリカ大統領史　100の真実と嘘』八幡和郎（扶桑社）／『夢の国から悪夢の国へ』増田悦佐（東洋経済新報社）／『大衆の狂気』ダグラス・マレー（徳間書店）／『日本の国際報道はウソだらけ』島田洋一・飯山陽（かや書房）／『選択』（選択出版）

※本書は２０２１年１月に刊行された『最新版　アメリカの50州がわかる本』を改題し、加筆、修正したものです。

KAWADE
夢文庫

大統領選が見えてくる! アメリカ50州がサクッとわかる本

二〇二四年五月三〇日　初版発行

著　者……国際時事アナリスツ［編］

企画・編集……夢の設計社
〒162-0041 東京都新宿区早稲田鶴巻町五四三
☎〇三―三二六七―七八五一（編集）

発行者……小野寺優

発行所……河出書房新社
〒162-8544 東京都新宿区東五軒町二―一三
☎〇三―三四〇四―一二〇一（営業）
https://www.kawade.co.jp/

装　幀……こやまたかこ

印刷・製本……中央精版印刷株式会社

DTP……株式会社翔美アート

Printed in Japan ISBN978-4-309-48603-1